EL ALMA
DE LA TOGA

ÁNGEL OSSORIO Y GALLARDO

EL ALMA
DE LA TOGA

Ossorio y Gallardo, Ángel
El alma de la toga - 1a ed. 338 p.; 15 x 10 cm.

1. Ética Profesional. I. Título
CDD 174

ÍNDICE

QUIÉN ES ABOGADO

Urge reivindicar el concepto de Abogado. Tal cual hoy se entiende, los que en verdad lo somos, participamos de honores que no nos corresponden y de vergüenzas que no nos afectan.

"En España todo el mundo es Abogado, mientras no pruebe lo contrario". Así queda expresado el teorema, que Pío Baroja, por boca de uno de sus personajes, condensa en estos otros términos: "Ya que no sirves para nada útil, estudia para Abogado". Los corolarios son inevitables.

- ¿Con quién se casa Pepita? -¡Con un Abogado! Este abogado suele ser escribiente temporero del Ayuntamiento o mecanógrafo de una casa de banca.

- En el actual Ministerio hay siete Abogados. La realidad es que apenas si uno o dos se han puesto la toga y saludado el Código Civil.

- Numerosos conductores de tranvías son Abogados.

- El que ayer asesinó a su novia o el que escaló la alcantarilla es Abogado.

- El inventor de un explosivo, o de una nave aérea o de unas pastillas para la tos, es Abogado.

Hay que acabar con ese equívoco, merced al cual la calidad de Abogado ha venido a ser algo tan difuso, tan ambiguo, tan incoercible, como la de "nuestro compañero en la Prensa" o "el distinguido sportman".

La Abogacía no es una consagración académica, sino una concreción profesional.

Nuestro título universitario no es de "Abogado", sino de "Licenciado en Derecho, que autoriza para ejercer la profesión de Abogado". Basta, pues, leerle para saber que quien no dedique su vida a dar consejos jurídicos y pedir justicia en los Tribunales, será todo lo Licenciado que quiera, pero Abogado, no.

La Universidad preside una formación científica...cuando la preside. En nuestra carrera ni siquiera sirve para eso. De la Facultad se sale sabiendo poner garbanzos de pega en los rieles del tranvía, acosar modistas, jugar al monte y al treinta y cuarenta, organizar huelgas, apedrear escaparates, discutir sobre política,imitar en las aulas al gallo y al burro, abrir las puertas a empujones, destrozar los bancos con el cortaplumas, condensar un vademécum en los puños de la camisa, triunfar en los bailes de máscaras y otra porción de conocimientos tan varios como interesantes.

El bagaje cultural del alumno más aprovechado no pasa de saber decir de veinticinco maneras -tantas como profesores- el "concepto del Derecho", la "idea del Estado", la "importancia de nuestra asignatura" (cada una es más importante que las otras para el respectivo catedrático), la "razón del plan" y la "razón del método".

De ahí para adelante, nada. En nuestras facultades se enseña la Historia sólo hasta los Reyes Católicos o sólo desde Felipe V; se aprueba el Derecho civil sin dar testamentos o contratos, se explica Economía política.

¡¡Economía política del siglo XX!! en veinticinco o treinta lecciones, se ignora el Derecho social de nuestros días, se rinde homenaje a la Ley escrita y se prescinde absolutamente de toda la sustancia consuetudinaria nacional, se invierten meses en aprender de memoria las colecciones canónicas y se reserva para el Doctorado -esto es, para un grado excelso de sabiduría, y aun eso a título puramente voluntario- el Derecho municipal... A cambio de sistema docente tan peregrino, los señores profesores siembran en la juventud otros conceptos inesperados, tales como éstos: que hora y media de trabajo, puede quedar decorosamente reducida a tres cuartos de hora; que sin desdoro de nadie, pueden las vacaciones de Navidad comenzar en noviembre; que el elemento fundamental para lucir en la cátedra y en el examen es la memoria; que la tarea del profesorado debe quedar supeditada a las atenciones políticas del catedrático, cuando es diputado o concejal: que se puede llegar a altas categorías docentes, constitutivas, por si solas, de elevadas situaciones sociales, usando un léxico que haría reír en cualquier parte y luciendo indumentos inverosímiles, reveladores del poco respeto de su portador para él mismo y para quienes le ven...[1].

¿A qué seguir la enumeración? En las demás facultades, la enseñanza, tomada en serio, sólo ofrece el peligro de que el alumno resulte un teórico pedante; en la nuestra hay la seguridad de que no produce sino vagos, rebeldes, destructores anarquizantes y hueros. La formación del hombre viene después. En las aulas quedó pulverizado todo lo bueno que aportara de su hogar.

Mas demos esto de lado y supongamos que la Facultad de Derecho se redime y contribuye eficazmente a la constitución técnica de sus alumnos; aun así, el problema seguiría siendo el mismo, porque la formación cultural es absolutamente distinta de la profesional y un eximio Doctor puede ser -iba a decir, suele ser- un Abogado detestable.

¿Por qué? Pues por la razón sencilla de que en las profesiones la ciencia no es más que un ingrediente.

Junto a él operan la conciencia, el hábito, la educación, el engranaje de la vida, el ojo clínico, mil y mil elementos que, englobados, integran un hombre, el cual, precisamente por su oficio, se distingue de los demás.

Una persona puede reunir los títulos de licenciado en Derecho y capitán de Caballería, pero es imposible, absolutamente imposible, que se den en ella las dos contradictorias idiosincrasias del militar y del togado. En aquél ha de predominar la sumisión; en éste el sentido de libertad. ¡Qué tienen que ver las aulas con estas cristalizaciones humanas!

---

[1]Los esfuerzos innegables de un profesorado joven y culto, no bastan a remediar el mal, que es de organización, de sistema y de educación. No se puede vivir sin la Universidad, pero hay que cambiarla. En mi libro La Justicia Poder he expuesto los remedios que se me ocurren.

Un catedrático sabrá admirablemente las Pandectas y la Instituta y el Fuero Real, y será un jurisconsulto insigne; pero si no conoce las pasiones, más todavía, si no sabe atisbarlas, toda su ciencia resultará inútil para abogar.

El esclarecido ministerio del asesoramiento y de la defensa, va dejando en el juicio y en el proceder unas modalidades que imprimen carácter. Por ejemplo: la fuerte definición del concepto propio y simultáneamente, la antitética disposición a abandonarle, parcial o totalmente, en bien de la paz; la rapidez en la asimilación de hechos e ideas, coincidentes con las decisiones más arriesgadas, como si fueran hijas de dilatada meditación; el olvido de la conveniencia y de la comodidad personales para anteponer el interés de quien a nosotros se confía (aspecto éste en que coincidimos con los médicos); el reunir en una misma mente la elevada serenidad del patriarca y la astucia maliciosa del aldeano; el cultivar a un tiempo los secarrales legislativos y el vergel frondoso de la literatura ya que nuestra misión se expresa por medio del arte; el fomento de la paciencia sin mansedumbre para con el cliente, del respeto sin humillación para con el Tribunal, de la cordialidad sin extremos amistosos para con los compañeros, de la firmeza sin amor propio para el pensamiento de uno, de la consideración sin debilidades para el de los demás.

En el Abogado la rectitud de la conciencia es mil veces más importante que el tesoro de los conocimientos. Primero es ser bueno; luego, ser firme: después, ser prudente: la ilustración viene en cuarto lugar; la pericia, en el último.

No. No es médico el que domina la fisiología, la patología, la terapéutica y la investigación química y bacteriológica, sino el que, con esa cultura como herramienta, aporta a la cabecera del enfermo caudales de previsión, de experiencia, de cautela, de paciencia, de abnegación.

Igual ocurre con los Abogados. No se hacen con el título de Licenciado, sino con las disposiciones psicológicas, adquiridas a costa de trozos sangrantes de la vida.

Fijémonos en un ejemplo característico. Habrá en Madrid 10 ó 12.000 Licenciados en Derecho: de ellos figuran incorporados al Colegio unos 2.500; ejercen más de 1.000; merecen de verdad el concepto de Abogados 200 ó 300; y se ganan la vida exclusivamente como tales dos docenas.

¿Será justo llamar Abogados a los 12.000 y distribuir sus glorias o sus crímenes entre los contados centenares que consagran su existencia al ejercicio diario de la profesión? Con análoga proporción, lo mismo ocurre en todas partes.

Quede cada cual con su responsabilidad. El que aprovechó su título para ser Secretario de Ayuntamiento, entre éstos debe figurar: e igualmente los que se aplican a ser banqueros, diputados, periodistas, representantes comerciales, zurupetos bursátiles o, modestamente, golfos. Esta clasificación importa mucho en las profesiones como en el trigo, que no podría ser valorado si antes no hubiera sido cernido.

Abogado es, en conclusión, el que ejerce permanentemente (tampoco de modo esporádico) la Abogacía. Los demás serán Licenciados en Derecho, muy estimables, muy respetables, muy considerables, pero Licenciados en Derecho, nada más.

LA FUERZA INTERIOR

El hombre, cualquiera que sea su oficio, debe fiar principalmente en sí.

La fuerza que en sí mismo no halle no la encontrará en parte alguna.

Mi afirmación no ha de tomarse en acepción herética, como negatoria del poder de Dios. Muy al contrario, al ponderar la confianza en la energía propia establezco la fe exclusiva en el poder divino, porque los hombres no llevamos más fuerza que la que Dios nos da. Lo que quiero decir es que, aparte de eso, nadie debe esperar en otra cosa, y esto, que es norma genérica para todos los hombres, más determinadamente es aplicable para los Abogados.

Fuera de nosotros están todas las sugestiones, el doctrinarismo contradictorio para sembrar la duda, el sensualismo para perturbar nuestra moral, la crítica para desorientarnos, el adversario para desconcertarnos, la injusticia para enfurecernos. Es todo un cuerpo de ejército que nos cerca, nos atosiga y nos asfixia. ¿Quién no ha sentido sus llamamientos y sus alaridos?

Cuando se nos plantea el caso y hemos de formar opinión y trazar plan, una voz de timbre afectuoso nos dice: "¡Cuidado! No tengas el atrevimiento de juzgar sin leer lo que dicen los autores y consultar la jurisprudencia y escuchar el parecer de tu docto amigo Fulano y del insigne maestro Mengano".

La palabra cordial nos induce a perder el sentido propio a puro recabar los ajenos.

Después, otra voz menos limpia nos apunta: "¿Cuánto podrás ganar con ese asunto?

En verdad que debiera producirte tanto y cuanto". Y alguna rara vez añade con insinuaciones de celestineo: "¡Ése puede ser el asunto de tu vida!". Si admitimos la plática, estaremos en riesgo de pasar insensiblemente de juristas a facinerosos.

Desde que la cuestión jurídica comienza hasta mucho después de haber terminado, no es ya una voz sino un griterío lo que nos aturde sin descanso. "¡Muy bien, bravo, así se hace!" -chillan por un lado-; "¡Qué torpe! ¡No sabe dónde tiene la mano derecha! ¡Va a la catástrofe!" -alborotan por otro-. "Defiende una causa justa" -alegan los menos-. "Está sosteniendo un negocio inmoral y sucio" -escandalizan los más... En cuanto nos detengamos cinco minutos a oír el vocerío, estamos perdidos. Al cabo de ellos no sabremos lo que es ética ni dónde reside el sentido común.

A todo esto, nosotros somos los únicos que no ejercemos a solas como el médico, el ingeniero o el comerciante, sino que vivimos en sistemática contradicción. Nuestra labor no es un estudio sino un asalto y, a semejanza de los esgrimidores, nuestro hierro actúa siempre sometido a la influencia del hierro contrario, en lo cual hay el riesgo de perder la virtualidad del propio.

Por último, hemos de afrontar constantemente el peso de la injusticia. Injusticia hoy en el resultado de un concierto donde pudo más la fuerza que la equidad; injusticia mañana en un fallo torpe; injusticia otro día en el cliente desagradecido o insensato; injusticia a toda hora en la crítica apasionada o ciega; injusticia posible siempre en lo que, con graciosa causticidad llamaba don Francisco Silvela "el majestuoso y respetable azar de la justicia humana"... En cuanto estas injusticias nos preocupen, perderemos la brújula para lo porvenir o caeremos rendidos por una sensación de asco.

Frente a tan multiplicadas agresiones, la receta es única: fiar en sí, vivir la propia vida, seguir los dictados que uno mismo se imponga..., y desatender lo demás.

No es esto soberbia, pues las decisiones de un hombre prudente no se forman por generación espontánea, sino como fruto de un considerado respeto a opiniones, conveniencias y estímulos del exterior. Otra cosa no es enjuiciar, es obcecarse. Pero, una vez el criterio definido y el rumbo trazado, hay que olvidarse de todo lo demás y seguir imperturbablemente nuestro camino. El día en que la voluntad desmaya o el pensamiento titubea, no podemos excusarnos diciendo: "Me atuve al juicio de A; me desconcertó la increpación de X; me dejé seducir por el halago de H". Nadie nos perdonará. La responsabilidad es sólo nuestra; nuestras han de ser también de modo exclusivo la resolución y la actuación.

Se dirá que esta limitación a la cosecha del propio criterio tiene algo de orgullo. No hay duda; pero el orgullo es una faceta de la dignidad, a diferencia de la vanidad, que es una fórmula de la estupidez. Cuando yo defiendo un pleito o doy un consejo es porque creo que estoy en lo cierto y en lo justo. En tal caso debo andar firme y sereno, cual si lo que me rodea no me afectase. Y si vacilo en cuanto a la verdad o a la justicia de mi causa, debo abandonarla, porque mi papel no es el de un comediante.

Hacer justicia o pedirla -cuando se procede de buena fe, es lo mismo- constituye la obra más íntima, más espiritual, más inefable del hombre. En otros oficios humanos actúan el alma y la física, el alma y la economía, el alma y la botánica, el alma y la fisiología; es decir, un elemento psicológico del profesional y otro elemento material y externo. En la Abogacía actúa el alma sola, porque cuanto se hace es obra de la conciencia y nada más que de ella. No se diga que operan el alma y el Derecho, porque el derecho es cosa que se ve, se interpreta y se aplica con el alma de cada cual; de modo que no yerro al insistir en que actúa el alma aislada.

Pues si toda la labor ha de fraguarse en nuestro recóndito laboratorio, ¿cómo hemos de entregarnos a ningún elemento que no esté en él? En nuestro ser, sólo en nuestro ser, hállase la fuerza de las convicciones, la definición de la justicia, el aliento para sostenerla, el noble estímulo para anteponerla al interés propio, el sentimentalismo lírico para templar las armas del combate... Quien no reconozca en sí estos tesoros, que no abogue; quien por ventura los encuentre, que no busque más ni atienda a otra cosa.

En las batallas forenses se corre el peligro de verse asaltado por la ira, pues nada es tan irritante como la injusticia. Pero la ira de un día es la perturbación de muchos; el enojo experimentado en un asunto, influye en otros cien. Ira es antítesis de ecuanimidad. De modo que no puede haber Abogado irascible.

Para librarse de la ira no hay antídoto más eficiente que el desdén. Saber despreciar es el complemento de la fuerza interna. Desprecio para los venales y los influibles, para los hipócritas y los necios, para los asesinos alevosos y los perros ladradores. Contra el Abogado -contra el verdadero Abogado- se concitan los intereses lastimados, el amor propio herido, la envidia implacable. Quien no sepa despreciar todo eso acabará siendo, a su vez, envidioso, egoísta y envanecido. Quien sepa desdeñarlo sinceramente verá sublimarse y elevarse sus potencias en servicios del bien, libres de impurezas, iluminadas por altos ideales, decantadas por los grandes amores de la vida.

Ninguna de las cuatro virtudes cardinales podría darse sin el aderezo del desdén para con todo aquello que las contradice.

En resumen: el Abogado tiene que comprobar a cada minuto si se encuentra asistido de aquella fuerza interior que ha de hacerle superior al medio ambiente; y en cuanto le asalten dudas en este punto debe cambiar de oficio.

LA SENSACIÓN DE LA JUSTICIA

¿Dónde ha de buscar el Abogado la orientación de su juicio y las fuentes de su actuación? ¿En el estudio del Derecho escrito? Terminantemente lo niego.

Un literato ha dicho que el Derecho es como una mujer casquivana que se va detrás de cualquier hombre que haga sonar espuelas. Si se refiere al Derecho positivo de cada día, la imputación es de triste certeza. Detrás de una violencia triunfante o siquiera amenazadora, cambia el estado legal.

Mas esto no es incompatible con la profecía de Isaías sobre la inmutabilidad del Derecho; porque son consistentes los cimientos morales del mismo, que la sociedad elige y determina, muchas veces a despecho de la fuerza coactiva del Estado. Lo cambiante es la expresión actual y concreta de la vida jurídica.

La fuerza arrolladora de los hechos y de los hombres cristianos humanizó el concepto de la familia romana, variándolo en absoluto. En cambio, el egoísmo de esos mismos cristianos ha negado o falsificado el sentido cristiano de la propiedad, y ésta sigue siendo perfectamente romana. La fuerza (entiéndase bien, la fuerza de la realidad, no la fuerza brutal de las armas) ha logrado que cuaje un Derecho cristiano para la familia y pagano para el dominio.

Mas lo que en veinte siglos no lograron la razón ni la piedad, lo está logrando en pocos años el empuje arrollador de las masas obreras; y a pasos agigantados surge un derecho socialista, triturador del individualista exaltado que hace poco más de un siglo culminó en la revolución.

Las fuentes de la responsabilidad no eran otras, tradicionalmente, sino la acción y la omisión. Pero llegan las leyes de accidentes del trabajo y aparece una fuente nueva: el hecho de ser patrono.

La autoridad, símbolo supremo del propietario, en la vida industrial ya se comparte hoy con los obreros.

Los atributos de usar y disponer que en lo antiguo aparecían como cosa sagrada, yacen ahora hechos pedazos por las leyes de expropiación forzosa, por las de "cultivo adecuado" y aun por simples ordenanzas municipales.

Una corriente establece en España la organización política centralista; otra corriente, antes de transcurrida una centuria, empuja hacia el régimen autonomista.

Las expansiones de la vida han creado en pocos años un derecho mercantil al margen de los Códigos y más fuerte que todos ellos.

El derecho administrativo sufre tumbos y vaivenes porque le impulsan las conquistas científicas, y así le vemos cambiar según se aprovechan mejor los saltos de agua, o se acierta a utilizar los subproductos mineros, o se electrifican los ferrocarriles o se descubre la aviación.

Gobiernos liberales promulgan leyes de excepción. Hombres que abogaron contra la pena de muerte, ahorcan y fusilan a mansalva. Defensores del libre cambio colaboran en políticas proteccionistas. El movimiento legislativo en todos los pueblos es obra de una Penélope de mil manos.

¿Es arbitrario? ¿Es signo del tiempo presente? ¿Es remediable? No. Es fenómeno consustancial de la vida, cuyas complejidades aumentan por instantes, y escapan a las más escrupulosas previsiones reguladoras. El derecho no establece la realidad sino que la sirve, y por esto camina mansamente tras ella, consiguiendo rara vez marchar a su paso.

Postulado: que lo que al Abogado importa no es saber el Derecho, sino conocer la vida. El derecho positivo está en los libros. Se buscan, se estudian y en paz. Pero lo que la vida reclama no está escrito en ninguna parte. Quien tenga previsión, serenidad, amplitud de miras y de sentimientos para advertirlo, será Abogado; quien no tenga más inspiración ni más guía que las leyes, será un desventurado ganapán[2]. Por eso digo que la justicia no es fruto de un estudio, sino de una sensación.

A veces oigo censurar estas afirmaciones cual si entrañasen una bárbara profanación. Consuélame, sin embargo, verlas de vez en vez proclamadas por jurisconsultos de saber indiscutible. Léanse estas palabras de León Duguit: "El Derecho es mucho menos la obra del legislador que el producto constante y espontáneo de los hechos. Las leyes positivas, los Códigos, pueden permanecer intactos en sus textos rígidos: poco importa: por la fuerza de las cosas, bajo la presión de los hechos, de las necesidades prácticas, se forman constantemente instituciones jurídicas nuevas. El texto está siempre allí, pero ha quedado sin fuerza y sin vida, o bien por una exégesis sabia y sutil, se le da un sentido y un alcance en los cuales no había soñado el legislador cuando lo redactaba".

Hay en el ejercicio de la profesión un instante decisivo para la conciencia del Abogado y aun para la tranquilidad pública: el de la consulta. El Letrado que después de oír al consultante se limite a preguntarse "¿qué dice la ley?", corre mucho riesgo de equivocarse y de perturbar la vida ajena. Las preguntas introspectivas, origen del consejo inmediato, han de ser estas otras: "¿Quién es este hombre que me consulta? ¿Qué se propone íntimamente? ¿Qué haría yo en su caso? ¿A quién dañará con sus propósitos?". En una palabra: "¿Dónde está lo justo?". Resuelto esto, el apoyo legal es cosa secundaria.

Para comer, lo importante es tener salud, tener apetito, tener tiempo y tener dinero. Con estas cuatro cosas, hallar fonda y elegir lista son extremos subalternos, que logra cualquiera con un poco más o menos de trabajo.

Cuenta el ilustre novelista Henry Bordeaux que, cuando fue pasante, su maestro, Mr. Romeaux, le enderezó estas observacio-

---

2 Ciurati, en su Arte Forense, para ponderar lo difícil que es la formación de un Abogado, no dice que haya de ser un pozo de ciencia jurídica. Elevándose y humanizándole, dice lo siguiente: "Dad a un hombre todas las dotes del espíritu, dadle todas las del carácter, haced que todo lo haya visto, que todo lo haya aprendido y retenido, que haya trabajado durante treinta años de vida, que sea en conjunto un literato, un crítico, un moralista, que tenga la experiencia de un viejo y la infalible memoria de un niño, y tal vez con todo esto formaréis un Abogado completo".

nes, que le causaron profunda impresión: "Un Maistre, un Bonald, un Le Play, un Fustel de Coulanges, todos esos cuyas obras ha visto usted en primera línea en mi biblioteca, encuadernadas con más esmero que los repertorios de jurisprudencia, han conocido y amado la tierra: no han dejado de pensar en ella. Razonaron sobre realidades, no sobre libros o lecciones de escuela. Por eso no hay en sus libros vagas abstracciones ni falsa sensiblería. Ponga usted figuras sobre los autos, sobre las cifras, sobre las palabras, sobre las ideas. Esa partición que estudiaba usted cuando le he llamado, es el patrimonio fundado por un hombre, sostenido o agrandado por una serie de generaciones, dividido hoy sistemáticamente entre los hijos. Un dominio que ha vivido, una familia que se divida son también novelas o tragedias".

El mismo autor refiere que cuando visitó a Daudet y le manifestó que era estudiante de Derecho, el glorioso escritor le dijo: "Las leyes, los códigos no deben ofrecer ningún interés. Se aprende a leer con imágenes y se aprende la vida con hechos. Figuraos siempre hombres y debates entre los hombres. Los códigos no existen en sí mismos. Procure ver y observar. Estudie la importancia de los intereses en la vida humana. La ciencia de la humanidad es la verdadera ciencia".

Fijémonos en un ejemplo mínimo y, por desdicha, constante. Viene a consultarnos un sujeto que pretende litigar en concepto de pobre. No tiene rentas, carrera ni oficio. Vive en casa de otro. Carece de esposa y de hijos, cuyas rentas pudiera disfrutar. Hállase, en fin, dentro de las condiciones señaladas en el Enjuiciamiento civil para gozar del beneficio. Y, no obstante, conforme le miramos y oímos, advertimos que su vestir es decoroso y su reloj es de precio, que veranea, que va a casinos y teatros, que tiene amantes, que se interesa en negocios y que no da explicación racional de la antinomia entre esta buena vida y aquella carencia de bienes. Si para contestarle y aceptar su defensa buscamos lo que dice la ley, habremos de darle la razón y nos convertiremos en cómplices de una trapisonda o de una infamia. ¿Qué hipocresía es esa de buscar en la Ley soluciones contrarias a las que nos traza nuestro convencimiento?

Pues el ejemplo es aplicable a todos, absolutamente a todos los casos.

¿Qué hemos de contestarle a esta mujer casada que pretende divorciarse? ¿Lo que dicen las leyes? No. Lo que interesa a sus hijos y a la ejemplaridad pública.

¿Qué diremos a este propietario que quiere discutir con su colindante? ¿Lo que manda el Código Civil? No. Lo que conviene a su bolsillo, atendidas las circunstancias del caso y los gastos del pleito.

¿Qué aconsejaremos a este patrono intransigente, que se empeña en llevar a punta de lanza sus desavenencias con un operario? ¿Lo que preceptúe la ley? No. Lo que asegure la cordialidad de relaciones para el desenvolvimiento de la industria.

¿A dónde miraremos para asesorar a los que quieren constituir una Sociedad industrial? ¿Al texto preciso del Código, de la Ley del Timbre y del impuesto de Derechos Reales? No. A las condiciones que prácticamente hagan el empeño más viable y fácil para sus autores y más provechoso para el cuerpo social[3].

Así en todo. La pugna entre lo legal y lo justo no es invención de novelistas y dramaturgos, sino producto vivo de la realidad. El abogado debe estar bien apercibido para servir lo segundo aunque haya de desdeñar lo primero. Y esto no es estudio sino sensación.

De modo análogo veo el Arte. Todas las reglas de los técnicos no valen nada comparadas con el me gusta del sentimiento popular. La obra artística no se hace para satisfacer prescripciones doctrinarias, sino para emocionar, alegrar, afligir o enardecer a la muchedumbre: si logra esto, llena el fin del arte: si no lo consigue, será otra cosa -reflexión. estudio, paciencia, ensayo- pero arte no.

Alguna vez he visto tachadas de anárquicas estas ideas que yo tenía por inocentes. Personas de gran respetabilidad sostienen que la inteligencia es facultad suprema a la que debe subordinarse el sentimiento, por ser aquélla una norma en la vida individual, y un nexo de sociabilidad: que sobre la percepción difusa, indefinible e informulable ha de estar la lucidez y la precisión de las ideas

---

3 En términos elocuentes desarrolla idea análoga Julio Senador en La Canción del Duero. "Sobran también los jurisconsultos. Aquellos que empollaron la generación krausista nos llevaron al 98, porque el único derecho verdadero es el que brota de la vida, y ellos no lo conocen. En la ingeniería social sobran trabajos de gabinete. Faltan trabajos de campo".

definidas, objetivas: que la supremacía de la razón es un principio de conducta que pertenece a la moral; que el catolicismo y la tradición clásica proclaman que la Sociedad ha de estar formada por hombres de razón, por caracteres lógicos, consistentes, por hombres capaces de juzgar y de refrenar sus propias impresiones, no por caracteres delicuentes, dispersos, degenerados, que sean juguete del oleaje de la vida; y que las esencias del genio latino son las ideas de unidad, universalidad, orden y organización, es decir, las contrarias a la singularidad y al individualismo.

Leyendo esas razones y escuchando otras análogas me he preguntado muchas veces si realmente seré yo pagano en Arte y anarquista en Derecho. Pero no llego a intranquilizarme. Respecto al Arte, estoy conforme en que el autor debe tener ideología, sistema y finalidad genéricas en toda su obra, es decir, que debe estar gobernado por la razón. Entregarse a la impresión de cada momento equivale a un mero cultivo sensualista: mas para establecer la comunicación con el público sólo cuenta el artista con la sensación. Un filósofo, un jurista, un pensador, deben llamar a la razón del público con los útiles de la razón misma. Pero el pintor, el músico, el dramaturgo, el novelista, deben determinar la sensación, y por el camino del sentimiento inducir al público al raciocinio. Si se limitan a mover el sentimiento serán sensualistas, soñadores, eróticos, y su obra no tendrá finalidad; si, al contrario, se empeñan en prescindir de las sensaciones como hilo conductor, serán cualquier cosa menos artistas... o serán artistas del genre ennuyeux que anatematizaba el poeta.

Cosa semejante ocurre en la vida jurídica. El legislador, el jurisconsulto y aun el abogado, deben tener un sistema, una orientación del pensamiento; pero cuando se presenta el pleito en concreto, su inclinación hacia uno u otro lado debe ser hija de la sensación. Claro que esta sensación es un simple reflejo de todo el cuerpo doctrinal que el jurista lleva en su alma. Por donde la sensación es aquí el vehículo de la justicia como en el otro caso lo es del arte.

El abogado que al enterarse de lo que se le consulta no experimenta la sensación de lo justo y lo injusto (naturalmente, con arreglo a su sistema preconcebido) y cree hallar la razón en el estudio de los textos, se expone a tejer artificios legalistas ajenos al sentido de la justicia.

El organismo del derecho responde a una moral. El hombre necesita un sistema de moral, para no ser juguete de los vientos; y cuando se halle orientado moralmente, su propia conciencia le dirá lo que debe aceptar o rechazar, sin obligarle a compulsas legales ni a investigaciones científicas.

Después de todo, esto es lo que los antiguos sostenían mediante el aforismo summum jus summa injuria. Lo bueno, lo equitativo, lo prudente, lo cordial no ha de buscarse en la Gaceta. Viene de mucho más lejos, de mucho más alto...

LA MORAL DEL ABOGADO

¡He aquí el magno, el dramático problema! ¿Cuáles son el peso y el alcance de la ética en nuestro ministerio? ¿En qué punto nuestra libertad de juicio y de conciencia ha de quedar constreñida por esos imperativos indefinidos, inconsútiles, sin títulos ni sanción y que, sin embargo, son el eje del mundo?

Alguien teme que-existan profesiones caracterizadas por una inmoralidad intrínseca e inevitable, y que, en tal supuesto, la nuestra fuese la profesión tipo. Paréceme más justo opinar, en contrario, que nuestro oficio es el de más alambicado fundamento moral, si bien reconociedo que ese concepto está vulgarmente prostituido y que los Abogados mismos integran buena parte del vulgo corruptor, por su conducta depravada o simplemente descuidada.

Suele sostenerse que la condición predominante de la Abogacía es el ingenio. El muchacho listo es la más común simiente de Abogado, porque se presume que su misión es defender con igual desenfado el pro que el contra y, a fuerza de agilidad mental, hacer ver lo blanco negro. Si la Abogacía fuera eso, no habría menester que pudiese igualarla en vileza. Incendiar, falsificar, robar y asesinar serian pecadillos veniales si se les comparaba con aquel encanallamiento; la prostitución pública resultaría sublimada en el parangón, pues al cabo, la mujer que vende su cuerpo puede ampararse en la protesta de su alma, mientras que el Abogado vendería el alma para nutrir el cuerpo.

Por fortuna, ocurre todo lo contrario. La Abogacía no se cimenta en la lucidez del ingenio, sino en la rectitud de la conciencia. Ésa es la piedra angular; lo demás, con ser muy interesante, tiene caracteres adjetivos y secundarios.

Despréndese de ahí que el momento crítico para la ética abogacil es el de aceptar o repeler el asunto. En lo más o menos tupido del cernedor van comprometidos la paz social, el prestigio personal y hasta la rendición de cuentas en la Eternidad.

¿Puede aceptarse la defensa de un asunto que a nuestros ojos sea infame? Claro es que no. El planteamiento de la cuestión parecería un insulto si no lo justificase la observación de la vida. Sin ser generales, ni demasiado numerosos, bien vemos los casos en que, a sabiendas, un Letrado acepta la defensa de cuestiones que su convicción repugna. Un día es el crimen inmundo que se patrocina para darse a conocer y para llegar a paladear lo que llama un escritor francés "ese honor particularmente embriagador para un Abogado, que consiste en el favor de los grandes criminales"; otro, es la reclamación disparatada que se plantea para conseguir una transacción; otro, es la serie de incidentes enredosos que se promueven con el objeto exclusivo de engrosar unos honorarios... Por bochornoso que sea reconocerlo, ¿habrá quien niegue que esos ejemplos se dan?

Apartémoslos como excepcionales y vengamos a los más ordinarios, que, por lo mismo, son los más delicados y vidriosos.

Primero. - Duda sobre la moralidad intrínseca del negocio. El problema es sencillo de resolver. Como la responsabilidad es nuestra, a nuestro criterio hemos de atenernos y sólo por él nos hemos de guiar. Malo será que erremos y defendamos como moral lo que no lo es; pero si nos hemos equivocado de buena fe, podemos estar tranquilos. Adviértase que he confiado la solución del conflicto al criterio y no al estudio. Quien busca en los libros el aquietamiento de la conciencia, suele ir hipócritamente a cohonestar la indelicadeza para beneficio del interés. Aquella sensación de la justicia a la que me he referido en otro capítulo es preferible, para la propia satisfacción, a los dictámenes de los más sabios glosadores y exégetas.

Segundo. - Pugna entre la moral y la ley. Empiezo por creer que no es tan frecuente como suele suponerse. Cuando en verdad y serenamente descubrimos un claro aspecto moral en un problema, raro ha de ser que, con más o menos trabajo, no encontremos para él fórmula amparadora en las leyes. Si no la hallamos, debemos revisar nuestro juicio anterior, porque sería muy fácil que el caso no fuese tan claro moralmente como nos lo habíamos figurado. Pero si, a pesar de todo, la antinomia subsiste, debemos resolverla en el sentido que la moral nos marque y pelear contra la ley injusta, o inadecuada o arcaica. Propugnar lo que creemos justo y vulnerar el Derecho positivo es una noble obligación en el Letrado, porque así no sólo sirve al bien en un caso preciso, sino que contribuye a la evolución y al mejoramiento de una deficiente situación legal. Para el juez, como para cualquier autoridad pública, es para quien puede ser arduo y comprometedor desdeñar la regla escrita; y así y todo, ya vemos que cada día los Tribunales son más de equidad y menos de Derecho.

Tercero. - Moralidad de la causa e inmoralidad de los medios inevitables para sostenerla. Es éste un conflicto frecuentísimo... y doloroso: pero su solución también se muestra clara. Hay que servir el fin bueno aunque sea con los medios malos. Por ejemplo, ocultar la falta de una madre para que no afrente a sus hijos: dilatar el curso del litigio hasta que ocurra un suceso, o se encuentre un documento, o llegue una persona a la mayoría de edad, o fallezca otra, o se venda una finca: amedrentar con procedimientos extremados a un malvado que no se rendiría a los normales; desistir de perseguir un crimen, si así se salva la paz o un interés legítimo... Todos nos hemos hallado en casos semejantes, y es no sólo admisible sino loable y a veces heroico, comprometer la propia reputación usando ardides censurables para servir una finalidad buena que acaso todos ignoran menos el Abogado obligado a sufrir y callar. Huelga añadir que en la calificación de esa finalidad ha de usarse la balanza de más escrupulosa precisión, pues, de otra suerte, en esa que juzgo labor abnegada encontrarían parapeto todos los trapisondistas.

Cuarto. - Licitud o ilicitud de los razonamientos. Diré mi apreciación en pocas palabras. Nunca ni por nada es lícito faltar a la verdad en la narración de los hechos. Letrado que hace tal, contando con la impunidad de su función tiene gran similitud con un estafador. Respecto a las tesis jurídicas no caben las tergiversaciones, pero sí las innovaciones y las audacias. Cuando haya, en relación con la causa que se defiende, argumentos que induzcan a la vacilación, estimo que deben aducirse lealmente: primero, porque contribuyen a la total comprensión del problema. y después, porque el Letrado que noblemente expone lo dudoso y lo adverso multiplica su autoridad para ser creído en lo favorable.

Quinto. - Oposición entre el interés del Letrado y el de su cliente. No pretendo referirme a la grosera antítesis del interés pecuniario, porque eso no puede ser cuestión para ningún hombre de rudimentaria dignidad. Aludo a otras muchas incidencias de la vida profesional en que el Letrado haría o diría, o dejaría de hacer o de decir tales o cuales cosas en servicio de su comodidad, de su lucimiento o de su amor propio. El conflicto se resuelve por sí solo, considerando que nosotros no existimos para nosotros mismos sino para los demás, que nuestra personalidad se engarza en la de quienes se fían de nosotros, y que lo que ensalza nuestras tareas hasta la categoría del sacerdocio es, precisamente, el sacrificio de lo que nos es grato en holocausto de lo que es justo.

Sexto. - Queda por considerar una sabrosa adivinanza que Colette Iver plantea en su originalísima novela Les Darries du Palais. "Nuestro oficio ¿es hacer triunfar a la Justicia o a nuestro cliente? ¿Iluminamos al Tribunal o procuramos cegarle?"

Los interrogantes reflejan una vacilación que a todas horas está presente en muchos ánimos. Pero, si bien se mira, el conflicto no puede existir para quien tenga noción de la moral, ya que está planteado sobre la base de que sean contradictorios el servicio de la Justicia y el servicio del cliente: es decir, que presupone la existencia de un Letrado que acepte la defensa de un cliente cuyo triunfo sea, ante su propio criterio, incompatible con el de la Justicia. Pero en cuanto destruyamos esa hipótesis innoble, se acaba la cuestión.

Cuando un Abogado acepta una defensa, es porque estima -aunque sea equivocadamente- que la pretensión de su tutelado es justa: y en tal caso al triunfar el cliente triunfa la Justicia, y nuestra obra no va encaminada a cegar sino a iluminar.

Claro que hay togados que hacen lo opuesto, y, planteando a sabiendas cuestiones injustas, necesitan cegar al Tribunal; mas no se escriben para los tales las reglas de conducta, ni ellos pueden ser los hombres representativos del alma profesional. A nadie se le ocurre estudiar como materias de psicología si la función de un militar es correr delante del enemigo y la del arquitecto halagar al bolsillo del contratista aunque se derrumbe el edificio.

... Y ahora se erige ante nosotros la médula dula del problema. ¿Qué es la moral?

¡Ah! Pero esa no es cuestión para los Abogados, sino para la Humanidad entera, y ha sido tratada por eximios filósofos y teólogos. Sería de evidente inoportunidad y de vanidad condenable dar mi parecer sobre asunto que va tan por encima de lo profesional. Además, las normas morales son difíciles de juzgar por el múltiple y cambiante análisis mundano, mas no son tan raras de encontrar por el juicio propio antes de adoptar decisión.

Derívase la moral de un concepto religioso y se caracteriza y modula por circunstancias de lugar y tiempo. Con esto se entiende que ateniéndose cada cual a sus creencias sobre aquel particular -creencias que poseen igualmente los que no tienen ninguna, valga la paradoja-y subordinándose relativamente a las segundas, es asequible una orientación que deje tranquila la conciencia. Lo primero es norma fija, sobre todo para los que reputan la moral como emanación de un dogma revelado por la gracia. Las modalidades sociales son ya más difíciles de aquilatar, porque influyen considerablemente en el juicio y ofrecen, sin embargo, un apoyo flaco y tornadizo. Lo que una sociedad de hace cincuenta años estimaba condenable, la sociedad actual, con el mismo concepto religioso, lo estima inocente, y viceversa. Justo es, pues, reconocer un margen considerable al criterio individual que, en esto como en todo, necesita expansión proporcionada a la responsabilidad que asume. En otros términos, la moral tiene características de género que todos conocemos y que a todos se nos imponen, y características de especie en las que entran por mucho la crítica y el albedrío.

He hablado de crítica, y al hacerlo he invocado uno de los manjares más amargos para el Abogado. Precisamente por ese margen de libertad en las estimaciones de índole ética, todo el mundo entra en el sagrado de la conciencia de aquél y la diseca con alegre despreocupación, cuando no la difama a sabiendas. En cuanto al contertulio del Casino o al parroquiano de peluquería le parece mal lo que hace un Letrado, no se limita a discutir su competencia. ¡Con menos que hacer trizas su honra no se satisface!

Hay que ser refractario al alboroto. Soportar la amargura de una censura caprichosa e injusta, es carga aneja a los honores profesionales. Debajo de la toga hay que llevar coraza. Abogado que sucumba al qué dirán debe tener su hoja de servicios manchada con la nota de cobardía.

No recomiendo el desdén a priori del juicio público, siempre digno de atención y, sobre todo, de compulsa. Lo que quiero decir es que después de adoptada una resolución, habiéndole tomado en cuenta como uno de tantos factores de la determinación volitiva, no es lícito vacilar ni retroceder por miedo a la crítica, que es un monstruo de cien cabezas, irresponsables las ciento y faltas de sindéresis noventa y nueve.

Cuando se ha marcado la línea del deber hay que cumplirla a todo trance. El viandante que se detenga a escuchar el ladrido de los perros, dificilmente llegará al término de su jornada[4].

---

[4]No he leído nada tan importante y diáfano sobre la moral de los Abogados como la conferencia que sobre Moral para intelectuales dio en 1908 en la Universidad de Montevideo el ilustre profesor de Filosofía Carlos Vaz Ferreira. Es lamentable que no haya sido divulgada.

EL SECRETO PROFESIONAL

Antes de hablar del secreto profesional, convendrá decir cómo se guarda un secreto. No hay más que una manera de guardarlo: no diciéndoselo a nadie. Esta afirmación le parecerá a ustedes excusada y tonta pero yo sé por qué la hago. En el mundo, el hombre más reservado y más discreto no confía los secretos a nadie, absolutamente a nadie... más que a una sola persona, pariente o amiga de absoluta confianza que tampoco comunica lo que sabe a nadie... más que a otra persona de idénticas virtudes. La cual, a su vez, cuidará muy bien de no divulgar lo sabido y solamente lo participará a otra persona que jurará callarse como un muerto. En efecto, esta persona se dejará matar antes que decir lo que sabe a nadie... más que a otra persona por cuya fidelidad pondría las manos en el fuego. Ésta sólo se lo refiere a otra y ésta a otra, y ésta a otra y ésta a otra, con lo cual, dentro de los juramentos de la más perfecta reserva, acaba enterándose del asunto media humanidad. El que haya de guardar los secretos de esa manera hará muy bien no dedicándose a abogado.

Todos sabemos que el abogado está obligado a guardar secreto y sabemos muy bien que el no guardarlo es un delito. El Código argentino no menciona específicamente al abogado, pero castiga en su artículo 156 con multa e inhabilitación a todo el que teniendo noticia por razón de su estado, oficio, empleo, profesión o arte, de un secreto cuya divulgación pudiera causar daño, lo revelare sin justa causa. El Código español, prescindiendo de esa última salvedad, pena en su artículo 365 al abogado que "con abuso malicioso de su oficio o negligencia o ignorancia inexcusables perjudicare a su cliente o descubriera sus secretos habiendo tenido de ellos conocimiento en el ejercicio de su ministerio".

Con saber esto parece que lo sabemos todo. Pero no sabemos nada. Esta materia de la revelación de los secretos es una de las más sutiles, quebradizas y difíciles de apreciar en la vida del abogado. Antes de examinarla convendrá detenerse un punto a considerar cuál es la relación jurídica que media entre el abogado y su cliente. Suelen mostrarse los autores conformes en decir que es un contrato. La dificultad está en saber de qué contrato se trata. Para algunos es un contrato de mandato, mas los tales se olvidan, primero de que el mandato es una función de representación mientras que el abogado, por regla general, no representa o no debe representar a su cliente sino que le asesora y ampara, quedando la representación a cargo del propio litigante o de su procurador; y después, de que es esencial en el mandato la obligación en el mandatario de obedecer al mandante, en tanto que el abogado se deshonraría si aceptase el deber de obedecer a su cliente, pues en su especialísima relación ocurre todo lo contrario: que el cliente le obedece a él o que él abandona la defensa.

Dicen otros que se trata de un arrendamiento de servicios y esto sólo puede ser verdad respecto de los abogados a sueldo que renuncian a su libertad para asistir a quien les paga y cumplir las órdenes que les dé la empresa a quien sirven pues la consideran como su superior, mas no respecto de los abogados libres que no aceptan compromiso ninguno sino que defienden el asunto mientras les parece bien y lo abandonan en cuanto les parece mal, sin subordinarse a ninguna prescripción, orden ni reglamentación de su cliente.

Para algunos, la abogacía es un servicio público porque la Administración de justicia lo es y el abogado es un auxiliar de la justicia. La equivocación es también aquí evidente. Ya dije en mi primera lección que el abogado desempeña una función social, pero una cosa es servir a la sociedad y otra muy distinta es servir al Estado que es su mero representante. Precisamente la característica del abogado es no tener que ver nada con el Estado y pelear con él frecuentemente, ya que combate los fallos del Poder judicial y los Decretos ministeriales, y las leyes inconstitucionales y exige la responsabilidad civil y criminal de los funcionarios de todas las jerarquías y pide la modificación y la inaplicación de las leyes que reputa malas. Persona que a tales menesteres se dedica ¿cómo va a reputarse desempeñante de un servicio público?

No pocos sostienen que la relación profesional es un contrato sui generis e innominado, lo cual puede ser un medio discreto de solventar la dificultad. Y Demogue, con ingenio sutil, ha establecido la diferencia de la prestación de servicios para medios o para resultados, explicando que el arquitecto se obliga a dejar acabada una casa y el escultor a dejar concluida una estatua, cosas ambas que son resultados, en tanto que el médico se obliga a asistir al enfermo sin comprometerse a su curación y el abogado a defender el pleito sin obligarse a ganarlo, por donde se ve que sus funciones son simples medios. La distinción es exacta y graciosa pero no resuelve nada en definitiva, porque después de aceptar que, en efecto, el abogado ofrece su servicio pero no responde de su resultado, seguimos sin saber cuál es el verdadero vínculo jurídico que lo une a su cliente.

Todas estas confusiones vienen de la depresión del sentido de la abogacía y de equipararla con los trabajos de jornal. La función del abogado fue en sus primeros orígenes, de alto patronato, de protección, de confidencia. El hecho de que entonces fuera gratuita y después haya venido a ser remunerada, no quita nada a su singular dignidad ni a su grandísima elevación, de igual manera que el secerdote no rebaja su condición aunque reciba un estipendio por decir misa.

La alusión al sacerdote nos encamina hacia la solución. La abogacía no es una carrera ni un oficio sino un ministerio y como tal hay que contemplarla sin que le alcance ninguna otra regulación. Cuando se habla del servicio judicial en los pleitos, nos olvidamos del campo inmenso de los servicios extrajudiciales. Cuando se quiere enjuiciar el caso por el pago de honorarios, nos olvidamos de que el abogado derrocha la mitad de su actividad sin ganar nada, cumpliendo requerimientos de la amistad, del partidismo político o de la misericordia. Cuando recordamos que se pone al servicio del cliente nos desentendemos de que no le debe sumisión, acatamiento ni obediencia de ningún género y que su conciencia actúa siempre por encima de los deseos del interesado. En cuanto nos detengamos a meditar sobre esas nobles características del abogado, nos persuadiremos de que no realiza un contrato sino que ejerce un ministerio y nos acercaremos a entender lo que es el secreto profesional.

En el empeño de encuadrar el secreto profesional dentro del marco de la técnica jurídica, han llegado a. producirse chistosos extravíos. Algunos autores como Pellegrin, Merjer y Sadoul han sostenido que el secreto profesional era un contrato de depósito. Así, como suena. A cualquiera se le ocurre que un depósito sólo puede constituirse sobre objetos muebles y que una confidencia, una relación, un estado de espíritu no pueden depositarse aunque al que lo recibe se lo llame en sentido figurado, depositario del secreto. Ni siquiera el lenguaje figurado conocían aquellos juristas. A muchos les pasa lo mismo. No entienden sino el tecnicismo del derecho. Había en España un catedrático de Derecho civil que vivía siempre encerrado en su ciencia. Paseaba un día por la calle de Alcalá, de Madrid, en compañía de mi amigo Isidoro Vergara, que fue quien me refirió el suceso. Cruzáronse con un conocido de los dos al que apellidaremos López, que iba con una mujer llamativa y de gran estampa. Airosa, metidita en carnes, provocativa. La miró Vergara con apetito y dijo a su acompañante:

-¿Ha visto usted, Don Manuel, qué moza usufructúa López?

Y don Manuel, recluido siempre un su punto de vista jurídico, gritó indignado:

- Pero querido Vergara ¿qué concepto tiene usted del usufructo?

No nos metamos pues, en la técnica y volvamos al mundo de las realidades morales.

El abogado debe guardar el secreto a todo trance, cueste lo que cueste. Antiguos autores franceses lo relevaban de la obligación ante la amenaza del Rey. Pero en buenas normas profesionales, no es admisible quebrantar el secreto ni ante la mayor amenaza ni ante el mayor peligro. Comprendo que es bien grave lo que digo, pero ello es una consecuencia de mi punto de vista. Si miramos la profesión como un mero contrato, no habrá contrato ninguno que obligue a morir. Si la miramos como un ministerio, morir será un simple accidente. ¿Qué diríamos de un militar que ejerciese su profesión como un simple contrato con el Estado y dijera que el contrato no le obligaba a jugarse la vida? Pues pensemos que una mujer casada nos ha confesado que el hijo que tiene es adulterino. ¿Qué pensarían de nosotros si descubriéramos la terrible verdad, deshonrásemos a aquella mujer, exhibiéramos al marido su desventura y pusiéramos en trance de duda el estado civil del hijo? Ninguna amenaza, ningún miedo, justificaría tal conducta.

El abogado, en la guarda del secreto profesional, puede encontrarse en tres conflictos: conflicto con su propia conveniencia, conflicto con el interés particular ajeno y conflicto con un grave interés social.

PRIMER caso. A veces, por guardar un secreto se puede formar mala idea de nosotros. Pondré un ejemplo que a mí me ocurrió. Llega un día una señora a verme y me cuenta que la tarde anterior se ha casado una sobrina suya y se ha ido a pasar la noche de bodas al Hotel Nacional. Al día siguiente, a las 7 de la mañana, el marido se la ha devuelto a su madre sin dar la menor explicación. La tía brama. Evidentemente, el esposo es incapaz para las funciones conyugales y la sobrina ha sido víctima de una burla afrentosa.

Con todo respeto me permito indicarle que también cabe en lo posible todo lo contrario y que el engañado haya sido él. Ella me replica, indignada:

- Ya sabía yo que iba usted a salir por ahí. Todos los hombres son lo mismo de mal pensados. Pues sepa usted que antes de venir aquí hemos hecho reconocer a mi sobrina por el Dr. R. y nos ha asegurado que está tan pura como el día en que nació.

El argumento me impresionó porque yo tenía muy buena idea de aquel médico. Me instó la dama a acometer sin pérdida de momento el pleito de nulidad de matrimonio. Yo le dije que no podía dar ningún paso sin hablar con la interesada.

- Pues ella no puede venir porque es presa de constantes ataques nerviosos.

- Bien, pues esperaremos uno o dos días a que se reponga.

- ¿No puede usted venir a verla en casa?

- Yo no voy nunca a casa de mis consultantes.

No más tarde del día siguiente aparecieron en mi casa tía y sobrina. Recibí sólo a ésta y dispuse que la primera continuase aguardando en la sala de espera. Cuando me vi solo con la joven le dije:

- Perdóneme, señora, pero tengo que proceder con usted de un modo brutal porque la situación desairada de su tía no puede prolongarse. Cuando se encerró usted anoche con su esposo en el Hotel Nacional ¿era usted virgen o no?

Sin emoción ninguna la recién casada me respondió:

- No señor.

- No necesito saber más. Voy a hacer entrar a su tía.

Entró la señora y le dije que en el rápido cambio de impresiones tenido con su sobrina me había dado cuenta de que el pleito sería ruidoso y complejo y que yo no tenía tiempo ni humor para aceptar un asunto de aquella envergadura. La señora se puso frenética y me faltó al respeto cuanto la vino en ganas. Díjome que mi leyenda de hombre austero y decidido era pura fábula, que al igual que todos los hombres amparaba las infamias del sexo y que allí no ocurría otra cosa sino que me faltaba valor para defender a una inocente. Marcháronse y toda la familia emprendió una campaña contra mí. Como se apoyaban en un informe médico, la gente les prestaba asenso. Yo iba quedando en muy mal lugar. La cosa llegó al punto de que algunos amigos vinieron a prevenirme seriamente que mi crédito andaba en lenguas y que era imprescindible que dijese la verdad de lo que supiera.

- No hay más verdad sino la que he dicho: que no tengo tiempo ni ganas de meterme en pleitos de escándalo.

Y nadie me sacó más. Lo que me tenía intrigado era la actitud del médico. La contradicción entre su informe y la confesión de la muchacha era inconcebible. Un día me encontré con él. Yo no quería preguntarle nada, pero fue él quien me abordó diciendo:

Bueno lo están poniendo a usted por ahí a causa de haberse negado a defender a Fulanita.

- Ya que me saca usted la conversación le dije- voy a satisfacer una curiosidad legítima.

- ¿Es verdad que esa muchacha está virgen?

Rompió a reír ruidosamente y me respondió:

- Virgen como mi abuela. Me indigné.

- Entonces, ¿cómo ha informado usted en sentido contrario?

- Sencillamente, porque no tenía ganas de tomarme inútilmente quebraderos de cabeza. ¡Pues buenas estaban aquella madre y aquella tía para decirles la verdad!

No necesito puntualizar la idea que formé del médico.

¿He contado esto como un mérito mío? De ninguna manera. El choque se había producido entre el secreto profesional y mi conveniencia y yo hubiera sido el más miserable de los hombres si para defender mi prestigio y mi conducta hubiese descubierto la tremenda verdad. Ya se descubriría todo en el pleito si llegaba a haberle -que no sé si le hubo-. Y sin no había pleito, ya se calmaría con el tiempo la murmuración. Pero había una verdad innegable, a saber, la prioridad del derecho del consultante sobre la conveniencia del abogado. Seguro estoy de que todos los abogados españoles y todos los argentinos y los de todos los países hubiesen procedido de la misma manera.

SEGUNDO CASO. Cuando surge un pleito, el abogado depositario del secreto de su cliente, perjudica al otro litigante guardando la reserva. Pero la debe guardar. La cuestión para el abogado está en decidir si ese secreto que él sabe le permite defender el asunto o si le ha de mover a rechazarlo. Por ejemplo, en un pleito sobre reclamación de cantidad, el demandado sostiene que no debe nada pero en la intimidad confiesa a su abogado que la deuda es cierta y que no la ha solventado. El abogado debe desechar el asunto porque nunca debe defender la mentira, pero puede guardar la reserva estrictamente. El hecho de que él sepa la verdad del caso nada quita ni pone para la contienda.

El acreedor dispone de sus argumentos y de sus medios de prueba. El Juez tomará en cuenta la posición de las dos partes y resolverá lo que repute justo. El hecho de que haya una persona enterada de lo íntimo del asunto, en nada influye para la solución. El letrado ha cumplido con su deber negándose a patrocinar la injusticia. Lo demás no es cuenta suya ni nadie puede exigirle el quebrantamiento de la obligada reserva. Tampoco este problema ofrece verdadera dificultad.

TERCER caso. Éste es el grave. Se ha cometido un terrible asesinato. Los tribunales persiguen a A como autor del delito y el Fiscal pide para él la pena de muerte. Mientras tanto. B consulta reiteradamente a un abogado sobre la rápida liquidación de todos sus bienes en el país. La relación entre ambos es amplia, compleja y profunda. Un día B confiesa al abogado que su deseo de ausentarse responde a que es el verdadero autor del asesinato y mientras se persigue a A él quiere desaparecer por temor de que algún día se descubra la verdad. La situación para el abogado es terrible. Si cumple su deber y guarda el secreto podrá ser ejecutado un inocente. Si, para evitar ese mal, descubre la verdad, el ejecutado será el cliente que a él se confió. ¿Qué hacer en tan horrendo caso? Alguien creerá que la solución puede estar en dejar que se escape B y hacer luego la revelación, pero esto es inútil, primero porque la denuncia contra un hombre que se ha escapado nadie la creerá y todo el mundo pensará que es un ardid para salvar al procesado; y en segundo lugar, porque si se acepta la denuncia como cierta, se pedirá la extradición del presunto delincuente y los efectos de quebrantar el secreto serán los mismos. Para el abogado la situación no tiene salida. Aquí no se trata del conflicto entre el secreto y un interés, sino del conflicto entre el secreto y la sociedad toda que está interesada en que se castigue al verdadero asesino. Para resolver el caso hay que volver la mirada a mi primera lección. El abogado es un servidor del interés social. A fin de que éste quede satisfecho, es indispensable decir la verdad, pase lo que pase y cueste lo que cueste. De la palabra del abogado depende fatalmente la vida de un hombre. ¿Cuál debe morir ajusticiado, el inocente o el culpable? No pueden caber dudas. Debe morir el culpable. El abogado ha de entenderse relevado de guardar el secreto y debe descubrir la verdad. Caso durísimo, desgarrador, pero de solución indiscutible.

He tratado los puntos fundamentales del problema, pero el asunto es tan arduo que ofrece otras mil materias dudosas. No hay tiempo más que para apuntarlas.

1.- Una persona consulta a un abogado y por necesidad le confía un secreto. El abogado no acepta el asunto. No llega, pues, a establecerse el vínculo moral ni contractual entre defensor y defendido. Sin embargo, ¿está obligado el abogado a guardar ese secreto? Muchos dirán que no, puesto que no asumió la función defensiva. Yo digo que sí, por dos razones: una, que el abogado es abogado siempre y aunque se limite a escuchar una consulta, repeliendo después el negocio, sus obligaciones nacidas de aquella conversación son tan apretadas como si hubiese asumido la defensa; y otra, que si se dispensara el secreto profesional, podría darse la inmoralidad monstruosa de que el abogado se juzgara en libertad para buscar a la parte contraria y transmitirle todo lo que acaba de saber y aun ponerse a su disposición para defenderla. Tal comportamiento seria intolerable con relación a un hombre que nos honró con su confianza, aunque nosotros no hayamos aceptado su defensa.

2.- El abogado de un Banco sabe que éste va a quebrar dentro de pocos días. ¿Podrá prevenir de lo que ocurre a las personas de su amistad, descubriendo el secreto? Confieso que éste es de los casos que más dudas me ha inspirado. Con bastantes vacilaciones de mi ánimo propongo esta solución. Si la quiebra es honrada, es decir, si se trata de un fenómeno necesario por la marcha de los negocios, el abogado debe guardar absoluto secreto, tanto porque no tiene motivo legal para faltar a sus obligaciones, como porque al dar la noticia a sus amigos para que retirasen su dinero, beneficiaria a éstos con perjuicio de los demás acreedores. Pero si el Banco no responde a una necesidad sino que procede con ánimo fraudulento y hace maniobras para estafar a sus acreedores, el abogado debe dimitir su cargo y hacer público lo que ocurre, pues de otro modo seria cómplice de un delito.

3.- ¿Está obligado a guardar secreto el abogado nombrado en turno de oficio es decir, que defiende a la fuerza, sin poder excusar su intervención, porque la ley se lo impone? Este caso del abogado en turno de oficio, se da en aquellos países donde todos los abogados o un número de ellos alternan en el patrocinio de los pobres. En países como la Argentina, donde existe como cargo oficial el de defensor o asesor de pobres y de menores, debe trasladarse a este funcionario la pregunta. Y la respuesta es obligada. Quien es defensor por ministerio de la ley, tiene exactamente las mismas obligaciones que quien acepta voluntariamente el encargo. El origen de la función es lo de menos. Lo importante son los deberes que se derivan de la función misma.

4.- Hay casos en que el cliente no paga al abogado alegando una insolvencia ficticia, pero el abogado sabe por razón de su oficio dónde tiene el cliente su dinero y cuál es la manera de descubrírselo para cobrar. ¿Podrá hacerlo? Categóricamente hay que responder que no. Ese es un caso característico del conflicto entre el secreto y el interés del abogado. A nadie medianamente pulcro puede caber duda de que la respuesta negativa es inexcusable.

5.- ¿Puede el abogado declarar contra su cliente? Preséntase en este supuesto una distinción elemental. Si lo que sabe lo sabe por su función de abogado, evidentemente no puede declarar. Si lo sabe por otros motivos, está en libertad sin que puedan cohibirle otras razones que las de la cortesía o las de la amistad.

En España nuestra libertad era respetada escrupulosamente: El Tribunal nos preguntaba y nosotros respondíamos: -No puedo contestar. Me amparo en el secreto profesional». Nadie se atrevía a insistir en las preguntas.

Lo malo del caso es que muchas veces, el ampararse en el secreto vale tanto como una confesión contra el cliente. Supongamos que el acusado de un delito intenta probar su coartada diciendo que en el día y a la hora del suceso, estaba en nuestro despacho consultándonos. Se nos pregunta si eso es cierto y nosotros nos amparamos en el secreto profesional. No hay duda de que todo el mundo entenderá que es mentira lo dicho por el interesado, pues si fuese cierto que hubiese estado no habríamos tenido inconveniente en contestar con un sí. De modo que al abrigarnos en el secreto vale tanto como decir que no.

6.- Este caso trae aparejado otro problema. El abogado, para guardar el secreto profesional, ¿está obligado a mentir? ¿Le es lícito siquiera hacerlo?

En el ejemplo propuesto ya hemos visto que ampararse en el secreto vale tanto como declarar contra el interesado. Triste es que sea así, pero no se nos puede exigir otra cosa. El abogado no sólo no está obligado a mentir sino que no le es lícito hacerlo. La verdad debe ser su norma. Además, mentir es abrir la puerta a que pueda recaer la responsabilidad sobre un inocente. En los casos aludidos, su opción única está entre la verdad y el silencio. Si éste perjudica al interesado tanto como aquélla, ¡qué le vamos a hacer!

A callar pueden estar obligados los profesionales, a mentir no lo está nadie.

7.- El secreto es obligado no sólo para aquellos hechos que el cliente nos revela encargándonos la reserva, sino también para aquellos hechos que apreciamos por nosotros mismos y que por discreción no debemos publicar. Por ejemplo: frecuenta nuestro bufete una señora casada acompañada de un caballero a título de amigo. Nosotros nos damos cuenta de que son amantes. Este hecho o esta suposición no pueden ser revelados. No hace falta que los interesados nos lo encarguen, basta que nos demos cuenta de cuál es la realidad para saber que de ella no podemos hablar.

8.- En la revelación de secretos ¿será sólo punible la avaricia o lo será también la ligereza? El tema es delicado porque es muy raro que alguien revele un secreto con el ánimo de dañar, pero en cambio es frecuentísimo que se charlen las cosas por pura insustancialidad, por prurito de hablar, por gusto de darse por bien enterado de todo. Esto es lo habitual y lo deplorable.

Alguien ha supuesto que esta conducta puede calificarse como delito por imprudencia, pero a mí me parece que en la revelación del secreto no puede haber delito por imprudencia porque la imprudencia es el delito mismo. Ya hemos visto que el Código español castiga no sólo el abuso malicioso del oficio sino la negligencia o ignorancia imperdonables. La negligencia es charlar sin tino, dejarse arrebatar por la conversación, olvidar el deber de ser reservado, poner en circulación, por gusto, sucesos conocidos en la intimidad de la consulta. No cabe, pues, alegar imprudencia en el acto. Si se excusase la imprudencia se habría acabado el deber de reservar lo aprendido en secreto.

9.- Por fortuna, los límites del secreto son mucho más estrictos de lo que pudiera suponerse. Desde luego, no cabe exigir secreto de lo que figura en actuaciones judiciales. Lo que allí consta, lo saben el abogado y sus auxiliares, el procurador y los suyos, el empleado y sus dependientes, el secretario y sus empleados, todos los mismos elementos de las partes contrarias y el Juez. ¿Cómo hablar entonces del secreto que conocen docenas de personas?

El secreto sólo cabe mientras los asuntos no salen de la intimidad del estudio. Y aun entonces hay que distinguir. Si la consulta se evacua verbalmente o si sólo requiere un apunte, nota o instrucción breves, el trabajo lo puede hacer por sí mismo el abogado y responder de la fidelidad de su secreto. Pero si se trata de un informe extenso que ha de reclamar el concurso de sus pasantes o auxiliares para buscar textos o notas de jurisprudencia y que se traducirán después en un dictamen que tomará un taquígrafo o un escribiente y que copiará un mecanógrafo, claro es que la cuestión sale ya de la jurisdicción estricta del letrado, porque a ningún letrado se le puede exigir que escriba de su puño pliegos y pliegos o que domine la mecanografía. Ese colaborador modesto, necesariamente se enterará del asunto. El abogado deberá tener el mayor esmero en elegir su personal y procurará imbuirle los deberes de fidelidad y reserva, pero es imposible que responda de la conducta de ellos como de la suya propia. De modo que, en puridad, el secreto no puede exigírsele más que en aquellas cuestiones que queden confiadas a la conversación o al apunte personal.

10.- Otro problema grave ha sido examinado minuciosamente por la jurisprudencia francesa. ¿Puede la Justicia registrar los papeles profesionales de un abogado? Si se decide que no, el santuario de un abogado puede degradarse hasta ser el refugio inviolable de los mayores crímenes. Si se decide que sí, el secreto profesional ha desaparecido.

Propongo sobre esto una distinción. Si se acusa personalmente al abogado de la perpetración de un delito, hay derecho a registrarle toda su documentación, pues de otro modo la Justicia sería impotente y el delito quedaría impune. Pero si a quien se persigue no es a él sino a un cliente suyo, el caso varía en absoluto. Entonces el abogado ha de mostrarse en toda su majestad e impedir que se revuelvan los papeles de su clientela. En ellos está el secreto y la Justicia deberá buscar otros modos de averiguación. Porque en tal caso, al abogado no se lo persigue como presunto delincuente sino como abogado verdadero y en ese concepto no hay derecho a mezclarse en su intimidad profesional.

Por este orden podría seguir planteando docenas y docenas de cuestiones. Dejémoslo aquí. Baste saber que la materia es gravísima: que aparecen en pugna constante el derecho del cliente a la reserva y el derecho de la Justicia a buscar la verdad; que el abogado puede ser un sacerdote o un encubridor: y que cada caso ofrece matices, sutilezas y detalles que son imposibles de prevenir. Los Códigos mismos indican la gravedad de la función. El Código argentino impide la revelación del secreto sin justa causa. El Código español trata de que el abuso sea malicioso, negligente o de ignorancia. ¿Quién gradúa la justa causa? ¿Quién determina lo que es malicia, ignorancia o negligencia? ¿Dónde acaban los deberes con el cliente y empiezan las obligaciones con la Justicia? ¿Dónde puede existir un verdadero perjuicio y dónde puede no haberlo?

Todo esto envuelve una gama de peculiaridades de la conducta que no pueden entrar en las definiciones de los autores ni en los textos de los Códigos. Sólo la conciencia del abogado puede resolverlas con acierto. A ésta le incumbe recordar a toda hora que los abogados no son sólo hombres independientes sino los más independientes de los hombres. Y para responder dignamente a calidad tan alta, hay que extremar las preocupaciones, los miramientos y los escrúpulos.

LA CHICANA

Tomo un diccionario y leo: CHICANA: = Triquiñuela = Enredo = Artería = Mentira = Embuste. Echo mano a cualquier libro de ética forense y encuentro la condenación más terrible de la chicana y ¡as sanciones más severas contra los chicaneros. La Ordenanza del Parlamento de París del año 1344, obligaba a los Procuradores Generales a jurar que no pondrían, no harían ni dejarían poner a sabiendas ningún artículo no pertinente, que harían expedir lo más pronto que les fuese posible las causas de que se encargaran. Que no buscarían de ninguna manera maliciosamente plazos ni subterfugios, no harían de ningún modo maniobras para alargar los procesos. Las Leyes 4 y 8, Título 22, Libro V, de la Novísima Recopilación, prohiben presentar alegatos maliciosos, pedir términos para probar lo que no ha de aprovechar o no puede justificarse y aducir excepciones y defensas para prolongar los litigios. En la Grecia contemporánea se previene a los abogados la obligación de no obstruir el trámite ni demorar las terminaciones de los litigios. En Suiza, una ley federal del 22 de marzo de 1893, modificada por otra del 6 de octubre de 1911. impone sanciones y penas disciplinarias de 100 francos a quien infringiere las conveniencias y usos sociales o perturbare la marcha regular de un proceso. Si es el abogado quien hace esto, puede ser multado hasta 200 francos. La Federación Argentina de los Colegios de Abogados estableció en 1932 unas normas de ética profesional y la señalada con el N° 12 dice: "El abogado debe abstenerse en absoluto de la realización de todo trámite innecesario y en especial de toda articulación puramente dilatoria, cuidándose de no entorpecer el normal desarrollo del juicio. El empleo de los recursos y formas legales, como medio de obstrucción o dilación del procedimiento, es uno de los más condenables excesos del ejercicio profesional, porque afecta a un tiempo la conducta del letrado que los emplea y el concepto público de la abogacía".

Y así por el orden podrían multiplicarse las citas. Mas no hay necesidad de acudir a ningún resorte de la erudición para saber que en el concepto público la chicana es la cosa más condenable de los abogados: el gran vicio en los pleitos es la trapisonda, el enredo, la dilación maliciosa, la complicación interesada. Usando tales armas el abogado se deshonra pero la justicia se volatiliza. Todos los Jueces viven prevenidos contra la chicana y procuran evitarla, atajarla o corregirla. La chicana es lo más vergonzoso de la administración de Justicia. Estamos todos conformes. Pero he aquí que un día tomo en mis manos el libro de un abogado y escritor distinguidísimo, el Dr. Ramón Gómez Masia, titulado La trastienda de Themis, y me encuentro unas consideraciones desconcertantes sobre la chicana. Por ejemplo, dice que la misión de los abogados es ganar los pleitos y que para ello deben usar primero todos los argumentos de buena fe, velando por el propio decoro y la tranquilidad del espíritu, y después los de mala fe, porque éstos, en ocasiones, tienen un peso decisivo en la balanza de la justicia. No le falta razón en la advertencia, pero también habría buenas razones para rechazarla. Más grave es la consecuencia que saca: "Luchamos contra la iniquidad, que es grande, poderosa e implacable como un dios asirio. Luchamos contra la iniquidad con todas nuestras fuerzas y hasta con la fuerza de nuestra chicana". El ánimo se queda en suspenso. La obligación de luchar contra la iniquidad es la razón de ser de nuestra profesión. De modo que en esto, es decir, en servir una causa moral, en luchar contra la perversión, no puede haber dudas. Nuestro deber es, en efecto, combatir la iniquidad. Pero ¿y si para combatir la iniquidad hace falta la chicana? ¿Y si no hay más armas que la chicana frente al abuso malicioso del otro litigante, frente a la presión política, frente a la ignorancia o la desidia del Juez? ¿Si únicamente por el camino de la chicana puede prevalecer la razón, será la chicana condenable o, por el contrario, estaremos obligados a emplearla? En síntesis, el fin ¿justifica o no justifica los medios?

Adorna Gómez Masia sus vacilaciones con ejemplos impresionantes. Cuando los lacedemonios amenazaron con la guerra a Atenas, Atenas designó varios emisarios que fuesen a Esparta para discutir el caso. Mientras tanto, Atenas reparó precipitadamente sus murallas, pero necesitaba ganar tiempo para que alcanzasen la suficiente altura. Entre los comisionados fue nombrado Temístocles, y éste exigió ir a Esparta solo. Llegó allí y mantuvo en aplazamiento el diálogo hasta que llegasen sus compañeros. El aplazamiento duró todo lo necesario para terminar las murallas. Una vez acabadas éstas, fueron los demás negociadores, pero Temístocles ya obraba seguro porque sabía que su ciudad se había hecho inexpugnable. Pura chicana; procedimiento dilatorio; vulgar enredo para distraer a las partes contrarias y ganarlas por la mano en la defensa de la causa justa. ¿Hizo bien o hizo mal Temístocles? ¿Fue un chicanero condenable o un patriota eficaz y un guerrero hábil?

Acude nuestro autor a otro ejemplo. El del Mercader de Venecia. El deudor ha prometido a Shylock, su usurero, una libra de su propia carne si no le paga. Llegado el caso, el usurero reclama la libra de carne y un Juez, atendiendo a la alegación del demandado, concede la libra de carne, mas a condición de no verter ni una gota de sangre de la víctima, porque la sangre no ha entrado en el contrato. Naturalmente, la condición es de imposible cumplimiento. Allí el acreedor queda burlado. ¿Qué es esto? ¿Chicana o humanidad? ¿Qué era preferible: dejar que un usurero destrozase cruelmente a su deudor o buscar una sutileza ingeniosa para que el empeño usurario fracasara? Ya sé yo que mis compañeros dirán que había otros medios de defensa y se podía haber llevado la discusión a otros términos. El usurero, si hubiese estado bien defendido, habría alegado que los contratos obligan, no sólo a lo que expresamente disponen, sino también a todo aquello que es su indeclinable y necesaria consecuencia. Por su parte el deudor podría haber alegado la nulidad de la obligación por inmoral. Mas las cosas no fueron por esos caminos sino por el de la imposibilidad de cortar carne sin verter sangre. Emplazado el problema en ese terreno de humana piedad, ¿la chicana fue vituperable o plausible?

Dejemos a Temístocles y al Mercader de Venecia y vengamos a la realidad del día y de las leyes vigentes.

PRIMER CASO.- Durante el trámite de un pleito ordinario, surgen gestiones para una transacción. El demandado teme perder el pleito y busca apasionadamente el arreglo; las cosas van por buen camino, pero requieren algunas semanas de estudio para compulsar datos, redactar documentos o hacer menesteres análogos. En esto le confieren al demandado el término para alegar. Este término es de nueve días, al cabo de los cuales hay que presentar inexcusablemente el escrito y después de él puede venir sin la menor demora la sentencia. El abogado del demandado, procediendo honradamente, quiere a todo trance evitar que su cliente corra este peligro. Propone al compañero demandante pedir la suspensión de los autos de común acuerdo pero el demandante se niega. El letrado demandado tiene una razón firme y afronta una actitud honesta, busca la paz, quiere el arreglo a todo trance, necesita evitar la eventualidad que teme de que le quiten la razón. Para lograr estos buenos fines no tiene más remedio que ganar tiempo. Ha de esforzarse, pues, en mantener el pleito pendiente de fallo. ¿Qué hacer? Procediendo con la escrupulosidad que enseñan los libros, no puede hacer otra cosa sino despachar su alegato en nueve días, esperar la sentencia perjudicial a su cliente y dar por fracasadas sus ansias de paz. ¿Procederá bien si hace esto? ¿No será más honrado exprimir el ingenio para que la sentencia tarde lo bastante a fin de dar lugar a la transacción? Pienso que esto último es lo que procede, y cuanto más honesto sea el abogado, con más afán lo buscará. ¿Qué hacer entonces? El problema no tiene más que una solución: inventar una chicana y suscitar un incidente que interrumpa la tramitación de los autos principales. Ganados de esta manera un mes o dos meses, la transacción habrá llegado a su término y todo acabará en bien para el cliente. Pregunta mía. ¿Cuál es la obligación de ese abogado? ¿Utilizar la chicana para que se produzca el buen efecto, o mantenerse purísimo, sin chicanerías, dando por frustrados sus deseos de arreglo y dejando que la sentencia arruine a su defendido? Me parece que el buen abogado debe hacer lo primero y hacerlo en sacrificio de su propia conveniencia, ya que haciéndolo comprometerá su prestigio personal.

SEGUNDO CASO.- En un pleito es decisiva la declaración de un testigo, cuyo dicho bastará para resolver el asunto a favor de una de las partes. Pero ese testigo acaba de salir de Buenos Aires para Canadá. Se puede pedir término extraordinario de prueba para que declare allí; pero da la casualidad de que allí no va a estar más de 15 ó 20 días. Después se marchará al Perú, donde estará otros 15 ó 20 días y luego regresará a la Argentina. Inútil pedir término extraordinario de prueba, porque mientras se tramita el exhorto por la vía diplomática, no se encontrará al testigo ni en el Canadá ni en el Perú ni en el viaje. Hay que perder tres o cuatro o más meses hasta lograr que el declarante venga aquí. ¿Concederá el juez el término extraordinario de prueba para escuchar a un testigo tan inquieto y mudable? Es posible que no. Y si no lo concede, ¿qué hacer? En términos de perfecta disciplina ética, recomendada por todos los autores, dejar que el testigo no declare y consentir que por falta de su testimonio el pleito se pierda. La conducta del abogado será irreprochable, pero ¿no cumplirá mejor su deber en defensa de su patrocinado inventando una chicana cualquiera que gaste el tiempo necesario hasta que el testigo regrese a Buenos Aires y se le pueda tomar aquí la declaración? El procedimiento es malo, pero el fin es bueno. Mediten ustedes la solución.

TERCER CASO.- Un acreedor promueve juicio ejecutivo contra un deudor suyo, apoyándose en un pagaré firmado por éste. Ya es sabido que, con arreglo a la ley de enjuiciamiento, el deudor ha de ser citado para reconocer su firma, y si la reconoce el juez despacha inmediatamente la ejecución y le embarga los bienes, permitiéndole después oponerse a la ejecución y abrir la discusión pertinente. El deudor viene a consultarnos y nos dice: "Esto es una infamia. Esta deuda se la pagué a este hombre hace ya varios años, encontrándonos los dos en Barcelona. El no me pudo devolver el pagaré porque se lo había dejado en Buenos Aires, pero me dio recibo de la cantidad. Este recibo me lo he dejado en Barcelona y tardaré aproximadamente dos meses en recibirlo aquí aunque lo pida ahora mismo. ¿Qué hago? ¿Reconozco la firma o la niego?". Naturalmente, la pulcritud recomendada al abogado exige que éste dé el consejo de reconocer la firma, puesto que ella es cierta. Pero en cuanto la reconozca surgirá el embargo, se apoderarán de los bienes embargados, se desprestigiará al ejecutado y si por casualidad es comerciante se le arruinará el establecimiento y el crédito. Claro que después se abrirá la discusión y vendrá el documento que está en Barcelona y los Tribunales le darán la razón y el ejecutante malicioso será condenado en costas, si es que no le pasa algo peor. Todo eso está muy bien. Pero mientras tanto la posición del deudor cae por los suelos. su crédito se pierde, sus bienes se perjudican, su nombre queda en entredicho y le sobrevienen otros mil percances de los cuales difícilmente se levantará más tarde aunque gane el litigio. Para evitar tantos trastornos no hay más qué un camino: negar la firma. Negada la firma, el demandante tendrá que acudir a un pleito ordinario sin embargar a su deudor. En el pleito se dilucidará todo tranquilamente, vendrán las pruebas oportunas y el demandante malicioso perderá el asunto. Igual suceso puede ocurrir si el documento está prescrito. No hay más que leer la fecha para darse cuenta de que esto es así. Pero como en la diligencia no se habla nada de la fecha ni se permite ninguna alegación de esta índole, sino que únicamente se exige el reconocimiento o la negativa de la firma, el deudor se hundirá inexcusablemente, aunque después suscite la excepción de prescripción y gane el pleito. ¿Qué debe recomendar el abogado en este caso? Yo me confieso ante ustedes como chicanero. Cuando me he visto en situación semejante he recetado a mi cliente que niegue la legitimidad de la firma. Luego en el juicio ordinario todo se pondrá en claro. ¿Está bien? ¿Está mal? ¿Era mi deber dejar que arruinasen y desprestigiasen a mi consultante, sabiendo que en conciencia éste no debía nada y los Tribunales forzosamente habían de darle la razón? Yo he reputado preferible buscar el bien en el fondo, aunque tenga que refugiarme en una chicana en el trámite.

ÚLTIMO CASO.- Es innegable que el abogado no debe facilitar nunca la fuga de un procesado. La obligación de éste es comparecer ante los Tribunales, someterse a su fallo y cumplirlo. El abogado alegará cuanto juzgue necesario en su defensa, pero una ocultación del presunto delincuente no la puede hacer. Pues bien: yo les pongo a ustedes en el caso de amparar a un hombre inocente, evidentemente inocente, sobre el cual pesa, sin embargo, una tremenda maniobra política para hacerle purgar un delito que no ha cometido. No dirán ustedes que exagero en la hipótesis, porque casos de éstos los hemos conocido todos, en todas las partes del mundo. Se ha creado un estado de opinión, sincero o artificial; la justicia está cohibida por una presión del Gobierno o de los partidos: se hace forzoso condenar a aquel hombre para no afrontar dificultades políticas, campañas parlamentarias o manifestaciones populares. La condena es inevitable. Y, no obstante, el abogado está honradamente persuadido de la inocencia de su cliente. ¿Qué debe hacer? ¿Proceder pulcramente, entregándolo maniatado a la justicia que ya descuenta o procurar a todo trance su libertad para que luego se fugue, eludiendo de este único modo posible la perpretación del atropello? Lo absolutamente honrado es entregar al cliente para que la maldad de los hombres lo descuartice con toda tranquilidad. Facilitar su fuga es una chicana. Yo pregunto a cada uno de ustedes: ¿haría la chicana o no?

Ya está, pues, planteado todo el problema. Problema moral, estrictamente moral, para resolver el cual no creo que debamos fiarnos de las leyes ni de los libros doctrinales ni de las opiniones de los más sabios juriconsultos. Es nuestra conciencia, nuestra conciencia, quien nos dirá qué se debe hacer y la que nos acusará por nuestra conducta o nos absolverá por nuestra abnegación:

Me doy cuenta de que al plantear el problema tal como lo planteo, todos los abogados enredadores, trapisondistas y codiciosos se aprovecharán de mi punto de vista para justificar sus enredos, sus abusos y sus infamias. Yo me permitiría advertirles que no he defendido la chicana, porque me doy cuenta de que en el 98 por 100 de los casos ella es una maldad y constituye para el abogado un deshonor. La cuestión está en advertir que puede haber un 2 por 100 de casos en que la chicana sea no sólo inevitable sino recomendable y plausible.

Todo en la vida depende del hombre, de su pensamiento, de su conciencia. Yo he mirado siempre con cierta sonrisa unos libros voluminosos y solemnes que se llaman psicología (conocimiento de las almas), lógica (arte de bien razonar) y ética (dominio de la moral). Siempre me he preguntado entre escéptico y zumbón: ¿creen estos buenos autores que la psicología, la lógica y la ética se aprenden en los libros? Esas supuestas ciencias no se aprenden más que en la vida, rozándose con los hombres y consultando íntimamente nuestra propia responsabilidad. No hay regla ni cánones que valgan. Una misma conducta, un mismo consejo, son a veces cosa vituperable y otras veces motivo de santificación. La cuestión está en distinguir casos y casos.

El abogado que acude a una chicana sabe que usándola se juega su prestigio y puede incurrir en el desprecio de la opinión. Si a pesar de todo la recomienda o practica, habrá dado un ejemplo de abnegación. Todo el secreto está en determinar para qué se usa la chicana.

Hemos de volver al razonamiento de Gómez Masia: ¿la chicana es artificio perturbador que se emplea para molestar al litigante adverso o para entorpecer los procesos? Pues habrá que maldecir la chicana. ¿La chicana es el único recurso viable para defenderse frente a la iniquidad? Pues habrá que disculpar la chicana y aun mostrar gratitud al que la haya empleado. Todo consiste en saber si perseguimos la iniquidad o la favorecemos, en precisar dónde está la iniquidad.

Henos, pues, en el proverbio jesuítico de si el fin justifica los medios. Unos dicen que sí; otros dicen que no. Yo entiendo que estamos ante el terrible problema de conciencia de saber cuál es el fin y cuáles son los medios. Nuestra conciencia debe tener la tranquilidad de que el fin que buscamos es bueno, absolutamente bueno, y que los medios malos son los únicos posibles para que el fin prospere y no causen daño a nadie. Si sabemos que un testigo va a falsear la verdad en un pleito, no podremos matarle para que no mienta, pues en tal caso el mal que producimos es infinitamente mayor que el que tratamos de evitar. Pero sí podemos lograr con habilidad y sutileza que no sea recibida su declaración o le confundamos y enredemos con la habilidad de nuestras preguntas, los medios serán dispensables porque con ellos, sin causar mal, se ha evitado el daño que el testigo quería producir.

Resumen: en el abogado podrá dormitar la competencia científica, pero lo que tiene que estar siempre alerta y en centinela, es la conciencia.

Pero es evidente que la chicana maliciosa que no responde a una necesidad sino a un vicio de la voluntad, debe ser castigada. Y aquí brota otro problema muy de antaño planteado y hasta ahora sin solución. ¿Los profesionales deben responder de su ignorancia o de su malicia? Hasta ahora no responde nadie. Y, sin embargo, hay casos de negligecia o ignorancia inexcusables. Mas ni el médico ni el abogado son perseguidos nunca. Hace no mucho tiempo, un médico de Tucumán realizó una operación, en la que murió la paciente, con muestras de una ignorancia y un descuido asombrosos. No le exigió nadie responsabilidad sino el hermano de la muerta, que le asesinó. A veces un abogado se olvida de proponer la prueba esencial o deja pasar el término para un escrito o una diligencia trascendentales. Y en ocasiones también promueve sistemáticamente enredos y chicanas que sólo tienen por objeto amparar una causa injusta, molestar al adversario o engrosar la minuta de honorarios. Todo esto queda impune siempre. Y, sin embargo, yo creo que debe ser castigado.

Tramítase ahora en Cuba cierto proyecto de reforma del Código Civil, y en su artículo 126 se expresan las circunstancias en que no procederá la declaración de paternidad extramatrimonial. En otro artículo inmediato se establece esta severa regulación: "Si concurriere alguna de las circunstancias expresadas en el artículo 126 y resultare que las conocía el actor o su representante legal, o si la atribución de paternidad apareciere hecha sólo por ánimo de lucro o de vejar, se impondrán las costas al actor, o, en su caso, a su representante legal con declaración de temeridad. Igual pronunciamiento podrá hacerse respecto del letrado director y del procurador del actor si resultare que tenían noticia de aquellas circunstancias o de la falsedad de la imputación de paternidad o de la improcedencia de la demanda, quedando obligados solidariamente con el actor o su representante legal".

Encuentro excelente el precepto. Si un litigante plantea una falsedad o una infamia, tan responsables como él deben ser los que le defienden, y si se me apura, un poco más, porque el interesado tiene explicada su conducta por su personal interés, por el apasionamiento. Pero los directores se hallan establecidos por la ley precisamente para moderar y aun suprimir esos apasionamientos y esos intereses. Si en lugar de cumplir este deber los estimulan y alientan, buscando de paso su propio provecho, la grave inmoralidad no debe quedar impune. Lo que el proyecto del Código cubano dispone para un caso concreto, debiera aplicarse a todos los pleitos.

Venimos, pues, a la conclusión de que yo unas veces excuso la chicana y otras veces pido que se le impongan castigos materiales.

¿Hay en esto contradicción? No, sino un sentido perfecto de la realidad. Para el tratamiento de la chicana, lo mejor sería dejarse de frases huecas, de condenaciones sistemáticas y rimbombantes y tomar las cosas tal como son. Anatematícenme ustedes, pero yo me inclino a tratar la chicana como una institución jurídica. El procedimiento sería este: cuando una parte litigante creyere que el defensor de la contraria acudía a malas artes para complicar el litigio o enredarles o causar gastos o vejámenes innecesarios, acudiría al Juez en reclamación razonada que no necesitaría la firma del letrado.

El Juez pediría explicaciones al defensor acusado para que dijese los motivos de su proceder y adujese si sus medios de defensa respondían a un motivo razonable o a una necesidad verdadera para el debido amparo de los derechos que le estaban encomendados. Después. el Juez pediría dictamen a la Corporación a que el abogado perteneciese, si estaba incorporado a alguna. Y luego resolvería negando la verdad o la justicia de la imputación o declarándola excusable o castigándola. El castigo podría consistir en imponer al letrado chicanero las costas de las actuaciones indebidas o maliciosas, y aun en prohibirle que continuara interviniendo en el juicio por sí mismo ni por compañero interpuesto.

Este camino sería el atemperado a la verdad de la vida. Todos nuestros actos, a pesar de sus apariencias, pueden responder a móviles muy diversos. Hay cosas que parecen buenas y son malas. Hay cosas que parecen malas y son buenas. El homicidio es terrible delito, pero puede ser excusado si se ha perpetrado en legítima defensa. El hurto es delito también, pero no se le debe condenar si se ha perpetrado por motivos de necesidad extrema y angustiosa. Lo mismo habrá que enjuiciar la chicana: cosa mala en sí, pero que puede tener excusa satisfactoria o puede merecer un castigo severo. Todo el secreto está en vivir la vida y no las frases hechas.

LA SENSIBILIDAD

¿Puede un Abogado ser frío de alma? No. ¿Puede ser emocionable? Tampoco.

El abogado actúa sobre las pasiones, las ansias, los apetitos en que se consume la Humanidad. Si su corazon es ajeno a todo ello, ¿cómo lo entenderá su cerebro? La familia arruinada, el hombre a las puertas del presidio, el matrimonio disociado, la ingratitud del hijo, la lucha social en sus revelaciones más descarnadas, el fraude infame de un interés legítimo, las nobles acometividades para traer a la Patria nuevas riquezas... todo eso es nuestro campo de operaciones. Quien no sepa del dolor, ni comprenda el entusiasmo, ni ambicione la felicidad. ¿cómo acompañará a los combatientes? Únicamente los desalmados, en la más aborrecible acepción del vocablo, pueden ver impasibles todo eso, que es el nervio de la vida, la razón de vivir diríase más bien.

Y sin embargo, ¿es conveniente, es lícito siquiera, que tomemos los bienes y males ajenos como si fueran propios, y obremos como comanditarios del interés que defendemos? De ningún modo. La sabiduría popular ha dicho acertadamente que "pasión quita conocimiento" y que "nadie es juez en causa propia". El Derecho, al establecer nuestra función, no sólo ha querido crear un guía, sino también interponer un juicio sereno entre el interés enardecido y los estrados del Tribunal. El litigante lo pediría todo, a cualquier hora y de cualquier manera; el defensor, por obcecado y malicioso que sea, sabe que hay barreras para la iniciativa y que sus movimientos tienen el valladar de la circunspección, perdida la cual, peligra el éxito de la causa y el crédito de su amparador.

De ahí que, aun olvidado en las leyes, siga condenado por el decoro el pacto de cuota litis. El letrado que ha de obtener la misma remuneración legítima, cualquiera que sea el resultado del negocio, aconseja con templanza, procede con mesura, hace lo que la moral y la ley consienten. El que sabe que ganará más o menos según la solución que obtenga, tiene ya nublada la vista por la codicia, pierde su serena austeridad, participa de la ofuscación de su defendido, y lejos de ser un canal, es un torrente.

La fórmula para coordinar estados de ánimo tan opuestos es la que, según la fama, dio Cortina al decir, con relación al archivo de sus pleitos, que "los había defendido como propios, y los había sentido como ajenos". Así ha de ser. Quien nos busca tiene la necesidad de que comprendamos y compartamos su anhelo. Por eso no es Abogado completo el soltero, ya que no conoce por experiencia de su sangre lo que son la vida conyugal, los deberes paternales y la unidad de la familia. Una madre que llora no puede ser atendida totalmente por un bon vivant de Casino: un financiero que aspira a crear un ferrocarril, no tiene comunicación plena con un escéptico indiferente a la riqueza del país y a su progreso. En la íntima y secreta comunión de consultante y asesor, aquél ha menester que éste no se limite a leerle los Códigos, sino que ponga el alma al mismo ritmo que marcha la suya.

Pero nada más. Prestado el esfuerzo, otorgada la compañía cordial, ni se puede ni se debe dar otra cosa. El triunfo como el fracaso han de hallarnos no sólo tranquilos, sino emancipados de su imperio.

La razón es clara. Cada cliente tiene derecho a disfrutar de la plenitud de nuestras facultades, y no puede ser disculpa de nuestras torpezas la emoción de que seamos presa por el resultado de otros asuntos. Seguramente nosotros no nos fiaríamos de un médico a quien le temblase la mano y se le saltasen las lágrimas cuado nos fuese a operar, aunque diera como descargo la inquietud que le dominaba por habérsele muerto un enfermo el día anterior. Pues apliquémonos el cuento. El cliente tiene derecho a nuestra cultura, a nuestra palabra y, sobre todo, a nuestra prudencia en el consejo y a nuestra serenidad en la acción. Traicionaríamos nuestro deber si actuásemos abatidos por un desastre o embriagados por un triunfo. El Abogado es como la balanza de precisión de un laboratorio: en separándose un milímetro del fiel, origina la intoxicación o el fraude.

En otro sentido hay que tomar en cuenta la emotividad. Lo que rinde y destroza al hombre no es el trabajo, por duro que sea, sino la serie inacabable de sensaciones que tienen en tensión el sistema nervioso y que son las características de la vida moderna, y especialmente de la vida del Abogado.

-¡Se ha perdido el pleito de Fulano! -¡Se ha ganado el de Mengano!

-¡No se logra colocar la emisión de obligaciones!

-¡Ha muerto el testigo más importante para tal pleito!

-¡No se encuentra un documeto indispensable!

-¡El recurso de casación vence esta noche!

-¡Acaban de señalar una vista para mañana!

-¡Se transigió felizmente la cuestión!

-¡Se han tirado los trastos a la cabeza en una junta de acreedores!

Y esto mil veces al día, y todos los días y todos los años... ¡Oh Dios, qué tortura! Si siquiera fueran las sacudidas sucesivas, podrían tolerarse. Pero son simultáneas y su coincidencia las aumenta y agrava. Al ir a entrar a una vista, cuando vivimos sólo para el informe que hemos de pronunciar, un procurador nos dispara una noticia desagradable, cuando estamos en el instante crítico de una Junta, nos avisan por teléfono que a otro cliente le ocurre una catástrofe y necesita nuestra asistencia inmediata... Es como si gnomos invisibles se entretuvieran en darnos constantemente alfilerazos en todas las partes del cuerpo para impedirnos el reposo. No sería posible sobrevivir ni a un quinquenio de ese régimen de acoso, si no opusiéramos al ataque un sistema de prudente indiferencia, un ¡venga lo que Dios quiera! y un constante recuerdo de que "quien da lo que tiene no está obligado a más". Si en cada minuto recibiéramos los chispazos sin el pararrayos de la relativa insensibilidad, moriríamos todos de rabieta.

La dificultad es ardua de veras. Hay que preparar la batalla con pasión y recibir impertérrito la noticia del resultado, tener ardor y no tener amor propio, amar y no preocuparse por el destino del objeto amado... Tiene los caracteres de una dramática paradoja.

No es sencilla, no, la urdimbre sentimental del Abogado.

EL DESDOBLAMIENTO PSÍQUICO

Da este nombre el profesor Ángel Majorana al fenómeno por virtud del cual "el abogado se compenetra con el cliente de tal manera, que pierde toda postura personal", pues "como el actor en escena, olvida la propia personalidad, y a la realidad negativa de semejante olvido une la positiva de ensimismarse en el papel desempeñado por él". De aquí saca la consecuencia, que él mismo reputa paradójica, de que "la virtud que el Abogado necesita no es un verdadero y propio valer".

Importa mucho detenerse a considerar si esa afirmación, harto generalizada, responde a un exacto concepto ético de nuestra profesión. De creerlo a negarlo hay un mundo de consecuencias contradictorias.

Suelen optar por la afirmativa quienes más se precian de enaltecer la Abogacía, porque en esa función, mejor dicho, en esa sumisión de la personalidad propia a la del cliente, ven una muestra de alta y difícil abnegación. No puede desconocerse que toda renunciación del propio ser en servicio u homenaje ajeno envuelve un admirable desprendimiento y un dificilísimo... desdoblamiento psíquico, como dice el autor aludido.

A mí no me parece tan sencillo pronunciarse en ese sentido. Quizás me lo dificulte -lo digo en confesión- el tinte de orgullo, de rebeldía ingénita que siempre me ha parecido característica sustancial de la dignidad humana y motor del progreso social.

Entendámonos. Yo encuentro plausible y santo renunciar a los intereses, al bienestar, al goce, para entregarse al bien de otro;

matar el sensualismo en servicio del deber o del ideal. Eso es sustancial en la Abogacía. Defender sin cobrar, defender a quien nos ofendió, defender a costa de perder amigos y protectores, defender afrontando la injuria y la impopularidad... no sólo es loable, sino tan estrictamente debido a nuestros patrocinados, que casi no constituye mérito, ya que en esa disposición del ánimo está la esencia misma de la Abogacía, que sin tales prendas perdería su razón de existir.

Pero el hombre tiene partes más nobles que esas de pura conveniencia. El criterio, el sentimiento, las convicciones... Y eso no puede supeditarse a las necesidades de la defensa ni a la utilidad de cada interesado. Los patrimonios del alma no se alquilan ni se venden.

El abogado no es un Proteo, cuyas cualidades varían cada día según el asunto en que ha de intervenir. Es un hombre que ha de seguir su trayectoria a través del tiempo y que ha de poseer y mantener una ideología, una tendencia, un sistema, como todos los demás hombres; no tantas fórmulas de pensamiento y de afección como clientes le dispensen confianza. Si lo lícito fuese esto y no aquello, sería difícil concebir una abyección más absoluta ni más repugnante. Ser a un mismo tiempo individualista y socialista, partidario y detractor del matrimonio, intérprete de un mismo texto en sentidos contradictorios, ateo y creyente, es una vileza que conjuntamente corrompe todas las potencias del alma. Quien doctrinalmente sea partidario de la abolición de la pena de muerte, ¿con qué atisbo de decoro pedirá en casos concretos su aplicación?

No pretendo llevar mi afirmación hasta el punto de creer que nunca puede correctamente invocarse preceptos legales con los que no se esté conforme. No. Seria imposible que un Letrado prestase su asentimiento teórico a todas las leyes que ha de citar. Ni siquiera necesita tener concepto propio respecto de ellas. Además, el imperio de la Ley es una cosa bastante respetable y sustantiva para que no se denigren con reclamar su cumplimiento aquellos que la apetecerían distinta. Lo que quiero decir es que la actuación jurídica en los Tribunales debe contar siempre con estos dos carriles:

A) Que no se pida, ni aun consintiéndolo las leyes, aquellas cosas que sean contrarias a nuestros convencimientos fundamentales o a las inclinaciones de nuestra conciencia.

B) Que tampoco se sostengan en un pleito interpretaciones legales distintas de las que se hayan defendido en otro.

Cabe compendiar la doctrina en la siguiente perogrullada: el pleito vive un día y el Abogado vive toda su vida. Y como debemos ajustar la vida a normas precisas que se tejen en las intimidades de nuestro ser, ha de reputarse como despreciable ruindad olvidar esas cardinales del pensamiento para girar cada vez según el viento que sople.

El concepto, pues, del desdoblamiento psíquico no ha de interpretarse en el sentido que lo hace Majorana, diciendo el Abogado "yo no soy yo, sino mi cliente", sino en el de la duplicidad de personalidades. "Hasta tal punto soy mi cliente, practicando un noble renunciamiento, y desde tal punto soy yo mismo, usando facultades irrenunciables".

Cuando se ve más la razón de lo que sostengo es cuando se piensa en los Abogados escritores. ¿Cabe ridículo mayor que el de un defensor a quien se rebate con sus propios textos? Nunca olvidaré la vista de un recurso de casación -sobre materia de servidumbre era- en que amparaba al recurrente un jurisconsulto ilustre, autor de una obra muy popularizada de Derecho civil. El recurrido, en un informe brevísimo, combatió el recurso íntegro limitándose a leer las páginas correspondientes de aquel libro donde casualmente resultaban contradichas, una por una, las aseveraciones contenidas en los varios motivos. El azoramiento del tratadista fue tal, que pidió la palabra para rectificar y dijo esta tontería lapidaria:

La sala se hará cargo de que cuando yo escribí mi obra estaba muy lejos de pensar en que hubiera de defender este pleito.

Para no errar, antes de aceptar una defensa debemos imaginar que precisamente sobre aquel tema hemos escrito un libro. Así nos excusaremos de contradecir nuestras obras, nuestros dichos o nuestras convicciones y no pasaremos el sonrojo de sustituir la toga por el bufonesco traje de Arlequín.

LA INDEPENDENCIA

No sólo en la acepción gramatical, sino igualmente por su sentido lógico, las profesiones liberales lo son porque se ejercen con libertad y en la libertad tienen el más importante atributo. Esto produce el fenómeno de que juntamente con el derecho del cliente a ser atendido nazca el del profesional a ser respetado y que paralelamente a la conveniencia del uno vaya el prestigio del otro. Un arquitecto no trazará los planos que el propietario le mande, ni un médico prescribirá el tratamiento que el enfermo le pida, si el gusto de quien paga puede perjudicar en algo la buena fama del técnico. Hay derecho a reclamar el servicio, pero no a imponer el disparate.

Con el Abogado ocurre otro tanto, porque es fácil que el litigante deslice sus deseos en la conciencia del asesor y le sugiera polémicas innecesarias o procedimientos incorrectos, convirtiéndole de director en dirigido y envolviéndole en las mallas de la pasión o el interés propios.

El Letrado ha de sentirse siempre colocado en un grado de superioridad sobre su defendido, como el confesor, como el tutor, como el gerente. Por eso ha de huir cuidadosamente de los siguientes peligros:

A. Del pacto de cuota litis que las leyes antiguas prohibían y la opinión, por regla general, reprueba. No es que esa forma de remuneración sea sustancialmente absurda o inmoral. Acaso sea teóricamente la más atinada. Lo que la hace condenable es que arranca al Abogado su independencia, haciéndole partícipe en el éxito y en la desventura. Procedemos con serenidad sabiendo que lo que se nos premia es nuestro trabajo, cualquiera que sea su resultado; pero perdemos la ecuanimidad y se nos nubla el juicio, y no distinguimos lo lícito de lo ilícito, si incidimos en la alternativa de ver perdido nuestro esfuerzo o lograr una ganancia inmoderada. La retribución del trabajo es sedante. La codicia es hervor, inquietud, ceguera. El Abogado que a cada hora se diga "si gano este pleito, de los cinco millones me llevaré dos", se adapta a la psicología de los jugadores.

B. De la mujer a quien se ama. Ya Cupido sólo por ser ciego es un peligro; si además vistiera toga sería un desastre.

¿Quién resiste a la súplica de la mujer querida? ¿Qué no podrán sobre nuestra alma sus ojos, su voz y, sobre todo, sus lágrimas? Conviene recordar en este punto que las litigantes son propensas al llanto. El amor es rendimiento, pleitesía, encadena-miento, servidumbre: y el que padece tan graves minoraciones de su albedrío, nada puede dirigir ni de nada puede responder.

C. De la familia. La franca libertad con que se inmiscuyen en nuestra vida hermanos, abuelos, tíos o sobrinos, les faculta, en caso de pleito, para fiscalizar cada uno de nuestros actos.-¿Por qué no presentas una denuncia? ¡A mí me parece que eso es un delito! -Yo que tú haría más duro ese escrito. -Si por mí fuera, promoverías un incidente. -Dame el gusto y suspende esa vista...

No hay, además, hora fija para escuchar la consulta, ni fa-cilidad para desistir de la defensa. El Tribunal, por su parte, supone en el Letrado una ofuscación afectiva, muy superior a la que padece, y le hace menos caso.

Hay parientes comedidos y prudentes que respetan la libre iniciativa tanto y más que un extraño. Pero son la excepción.

D. Del Sueldo. Abogado que lo percibe, fatalmente ha de verse obligado a defender cuando le manden, o renunciar a su destino; y no siempre hay valor o posibilidad para esto último; con lo que al dimitir la libertad se pone en grave riesgo la integridad.

Nunca es tan austero ni tan respetado un Letrado como cuando rechaza un asunto por no parecerle justo; ¿y puede hacerlo quien percibe una retribución fija? El que la cobrase, dos, tres y más años sin defender ningún pleito, ¿lograría llanamente repeler el primero que le confiaran, por no hallarle admisible? ¿Cómo justificaría en tal caso la percepción de los emolumentos?

Los compañeros que sirven en los negociados contenciosos de las grandes empresas o de las Corporaciones oficiales, saben muy bien los conflictos de conciencia que se padecen y aun las situaciones violentas que se atraviesan, teniendo que defender todo lo que gustan pleitear quienes pagan.

Esta misma razón, que de tan cerca toca al decoro, aconsejaría modificar el régimen orgánico de los Abogados del Estado y del Ministerio Fiscal en lo contencioso-administrativo, a veces defensores forzados de atropellos y desatinos que ellos repugnan más que nadie, y sin modos legales que les permitan velar por la libertad de la toga y por los fines de la justicia.

E. De la política. Raro y difícil es que quienes se afilian bajo una bandera, acatan una jefatura, y (esto es lo más lamentable) buscan un porvenir, no sufran cuando menos, una deformación de juicio que les haga ver buenas todas las causas que beneficien a su credo, y perversas cuantas lo contradigan. Esto sin contar con los compromisos, presiones y acosos que el partidismo hace gravitar sobre el Letrado, ni con la frecuente complicación que se produce entre asuntos forenses e intereses políticos.

El jurista, como todo ciudadano, ha de tener en materias políticas su opinión y su fe; mas conviene educar a la juventud -contrariamente a lo que con nosotros se hizo en la alta conveniencia de separar el Foro de los negocios públicos.

Que la política sea una carrera ya es un concepto bárbaro; que sea un medio para que los Abogados hagan carrera, es un explosivo.

Alguien leerá esto con estupor, siendo un político quien lo dice. Pero me parecería hipócrita callarlo.

A modo de condensación de lo expuesto, honraré estas páginas transcribiendo las palabras que Mr. Raymond Poincaré pronunció con ocasión del centenario del restablecimiento de la Orden de Abogados: "En ninguna parte es más completa la libertad que en el Foro. La disciplina profesional es leve para los cuidadosos de su dignidad y apenas añade nada a los deberes que una conciencia un poco delicada se traza a sí misma. Desde que se crea por su trabajo una situación regular, el Abogado no depende más que de sí mismo. Es el hombre libre, en toda la extensión de la palabra. Sólo pesan sobre él servidumbres voluntarias; ninguna autoridad exterior detiene su actividad individual; a nadie da cuenta de sus opiniones, de sus palabras ni de sus actos; no tiene, de tejas abajo, otro señor que el Derecho. De ahí en el Abogado un orgullo natural, a veces quisquilloso, y un desdén hacia todo lo que es oficial y jerarquizado".

EL TRABAJO

Siendo personalísima la labor en todas las profesiones intelectuales, quizás en ninguna lo sea tanto como en la Abogacía.
La inteligencia es insustituible, pero más insustituibles aún son
la conciencia y el carácter. Entre nosotros, tanto o más se buscan y cotizan estas dos cualidades como aquella otra. Un sabio
adusto será peligroso como Abogado, porque propenderá a la
intransigencia, y en sus manos se enredarán las cuestiones. Otro
ilustrado y despierto, pero de escasa pulcritud, constituirá un
verdadero peligro social y su actuación debiera clasificarse entre
las industrias peligrosas, incómodas e insalubres. Adviértase
que entre ambos ejemplos no se acertaría a clasificar cuáles son
las condiciones más nocivas, si las buenas o las malas; porque
un carácter esquinado es doblemente dañino si dispone de una
gran competencia; y la falta de sentido moral no es tan de temer
en los necios como en los inteligentes.

Diré más. En el orden cultural el público nos atribuye -y no
va equivocado- un nivel genérico próximamente igual en todos,
y donde establece las diferencias es en la rectitud de proceder,
en la exteriorización artística, en la fama de que disfrutemos y
-¡triste es decirlo!- en nuestra significación social, especialmente
la política.

Rarísima vez oímos decir: "¡Cuanto sabe Fulano!; le encomendaré mi pleito, porque tiene una erudición extensa y unos
conceptos profundos". En cambio se ponderan y valoran las otras

distintivas. "Consultaré a H porque es muy honrado y no me meterá en pleitos que no vea muy claros". "Haré que defienda mi causa Z porque tiene una palabra arrebatadora". "Encomendaré el asunto a X porque pesa mucho en el Tribunal".

De estas innegables realidades se desprende que debemos esforzarnos en hacer por nosotros mismos los trabajos, ya que el cliente tomó en cuenta, al buscarnos, todas nuestras condiciones, desde la intimidad ética hasta el estilo literario. Mas como en una gran parte de los despachos es absolutamente imposible que el titular realice personalmente la tarea íntegra, forzosamente habrá de delegar alguna en sus pasantes, y quien proceda con escrúpulo efectuará la delegación por orden de menor a mayor importancia de los trabajos, llegando hasta no confiar a mano ajena, mientras no sea inevitable, los escritos fundamentales, tales como el recurso de casación, el contencioso, la demanda, la contestación y los dictámenes.

Aun admitida la transferencia, hay dos extremos a que no debe alcanzar (salvo acuerdo expreso o tácito con el cliente), a saber: el estudio del caso consultado y el informe oral. Podrá ser indiferente para el interesado que tal o cual escrito salga de manos del defensor o de las de un auxiliar suyo; pero la formación del juicio es cosa tan privativa de la psicología, tan dimanante de la conciencia, que el consultante se juzgaría defraudado si supiera que al decirle que lleva o no lleva razón, no había intervenido nuestro temperamento, nuestro ojo clínico, nuestra experiencia, nuestra idiosincrasia, prendas que él buscó para su asesoramiento, muy por encima de la garantía de un simple título académico, igual en todos. E idéntico es lo que ocurre en las vistas. El litigante no requirió a un hombre con una toga puesta, sino al Abogado Fulano con su palabra, con su sistema de razonar, con su acometividad y, sobre todo, con su prestigio en los estrados.

En cuanto a la manera de trabajar, sería osado querer dar consejos, pues sobre la materia es tan aventurado escribir como sobre la del gusto. No quiero, sin embargo, dejar de exponer una observación personal. Parece lógico que, antes de coger la pluma, se haya agotado el estudio en los papeles y en los libros. Seriamente, así debe hacerse, y no es recomendable ningún otro sistema. Pues, a pesar de reconocerlo, confieso que nunca he podido sustraerme a practicar todo lo contrario. Video meliora...

Cuando empiezo a escribir son muy rudimentarias, muy someras las ideas que tengo sobre el trabajo que he de realizar. Las cuartillas con su misterioso poder de sugestión son las que me iluminan una veces, confunden otras, me plantean problemas insospechados hasta un minuto antes. me estimulan, encienden y exaltan. Tal problema fundamental y gravísimo que no acerté a ver mientras estuve considerando el caso, me parece amenazador y desconcertante enganchado en un mínimo inciso de una oración; cual argumento que no me alcanzó en el estudio, surge diáfano al correr de la pluma...

No hay nada en el mundo sin explicación y pienso que esta rareza también la tiene. Los sujetos de contextura mental apriorista, doctrinaria, forman ante todo su construcción ideológica y la trasladan luego al papel. Al revés, para los realistas el escrito es ya la vida en marcha y al formarle muéstrase ella con sus apremios invitándonos a contemplarla en su plenitud. Mientras estudio me considero aislado, y, como no logro darme importancia a mí mismo, tampoco llego a ultimar mi sistema ni mucho menos a enamorarme de él. Pero las cuartillas son ya el diálogo, la comunicación con el mundo, el peligro de errar, el vislumbre del éxito, la tentación de la mordacidad, la precisión ineludible de ahondar en un punto oscuro o de mirar con respeto lo que antes fue desdeñado; son la evacuación inexcusable de una cita, la compulsa de un documento, el delinearse las figuras del drama, el presentimiento de la agresión contraria... ¡Son la potencia biológica, en fin, tumultuosa, multiforme, arrolladora y soberana, que a un tiempo mismo nos encandila y nos esclaviza recordándonos que somos cada uno muy poca cosa y que todos estamos sometidos a un imperio incontrastable! Pudiera decirse de este sistema que por la improvisación nos conduce a la reflexión.

Informando me ocurre todo lo contrario. Jamás lo hago sin llevar guiones minuciosos, concretos, verdaderos extractos del pleito, y cuya redacción (siempre hecha con mi propia mano, con signos convencionales y tintas de diversos colores) me invierte largo tiempo y me pone los nervios en insoportable tensión. Esto responde, ante todo, al terror, al espantoso terror que me infunde el hacer uso de la palabra. Llevo cuarenta y cinco años hablando en todas partes y en todos los géneros, en el Foro, en el Parlamento, en el Congreso, en el meeting ardoroso y en la serena conferencia académica, en centros de cultura y en villorrios humildísimos; he ejercido ante los Tribunales de todas las jurisdicciones; he disertado en una escalera, en un pajar, en un horno de pan cocer (¡y encendido precisamente a mis espaldas!), en centenares de balcones, con auditorios de sabios para despellejarme o de patanes para no comprenderme... Pues, a pesar de práctica tan dilatada y heterogénea, hoy me inspira la oratoria más espanto que el primer día.

Lo cual obedece a que no hay obra más trascendente que la de poner nuestra alma en comunicación con otras y tratar de imbuirlas nuestro propio pensamiento. Queremos, al hablar, que otros discurran como nosotros discurrimos, que obren como les recomendamos, que participen de nuestra responsabilidad... El orador es un autor por inducción para el cual no existe Código penal. Quien acometa ese empeño sin pánico es un insensato o un héroe.

Para graduar, distribuir, acopiar y matizar la oración, el guión es indispensable. Mas entiéndase que el guión no se refiere a las palabras, efectismos y latiguillos (destino que sólo le dan los cursis, quienes en materia oratoria están siempre en pecado mortal) ni constituye un atadero de la imaginación, ni una norma inquebrantable para formar el discurso. No. El guión es una especie de casillero donde llevamos convenientemente clasificadas las materias. Pero nosotros mandamos en el casillero, no el casillero en nosotros. Y así, al pronunciar el discurso sustituimos la materia de una casilla, llenamos la que estaba vacía, vaciamos la que iba pletórica... y a veces pegamos fuego al casillero con todo su contenido. Las contingencias de la polémica y las prescripciones de la oportunidad nos van recomendando lo que debemos hacer con el ideario clasificado; pero sin la clasificación previa, nuestro pensamiento caería en la anarquía y seríamos juguete del adversario diestro o del auditorio severo. Véase, pues, por qué, al revés de lo que me ocurre con el trabajo escrito, voy en el oral por la reflexión a la improvisación.

Como fin de estas confesiones sobre el trabajo diré que, a mi entender, todas las horas son buenas para trabajar, pero más especialmente las primeras de la mañana, desde las seis hasta las diez. Y ahí va la razón. A partir de las diez de la mañana nadie dispone de sí mismo. La consulta, las conferencias con otros colegas, las diligencias y vistas, las atenciones familiares, la vida de relación y las necesarias expansiones del espíritu consumen todo nuestro tiempo. Esto sin pensar en los Abogados que desempeñan destinos o que intervienen en la política. De modo que desde esa hora la Humanidad manda en nosotros. Hácese, pues, indispensable, si hemos de aprovechar la vida, que con antelación, y prevaliéndonos de su sueño, gobernemos nosotros a la Humanidad.

Muchos advierten que lo mismo da trasnochar, recabando el tiempo cuando los demás se acuestan. No lo estimo así, porque antes de las diez de la mañana podemos dar al trabajo nuestras primicias y después de las diez de la noche no le concedemos sino nuestros residuos. Con la cabeza despejada se ordenan las ideas, se distribuyen las atenciones, se aprovecha el estudio. Con el organismo fatigado después de una jornada de la abrumadora vida moderna, no es verosímil que se obtenga más que productos concebidos con esfuerzo, con artificio, en situación de agotamiento.

En fin, todas las reglas del trabajo pueden reducirse a ésta: hay que trabajar con gusto. Logrando acertar en la vocación y viendo en el trabajo no sólo un modo de ganarse la vida, sino la válvula para la expansión de los anhelos espirituales, el trabajo es liberación, exaltación, engrandecimiento. De otro modo es insoportable esclavitud.

Sin ilusión, se puede llevar los libros de un comercio, o ser delineante o tocar el trombón en una orquesta. En las mismas profesiones jurídicas cabe no tener ilusión para el desempeño de un Registro de la Propiedad, una secretaría judicial o una liquidación de Derechos reales. Son todas esas profesiones de las que se tira, obteniendo frutos análogos cualquiera que sea el estado de ánimo con que se ejerzan. Pero Abogado, no.. El Abogado o lo es con apasionamiento lírico, o no puede serlo, porque soportar de por vida una profesión que no se estima es miserable aherrojamiento, sólo comparable al de casarse con una mujer a la que no se ama; y quien lleva clavadas tales espinas no tiene resistencia más que para lo mecánico, para lo que puede hacerse con el alma dormida o ausente.

LA PALABRA

"Las vistas no sirven para nada. Debieran suprimirse."

Claro que los abogados que aseguran esto sólo pretenden deprimir a la Magistratura suponiéndola sorda -impermeable, dijo un hombre ilustre- al razonamiento oral. Y no piensan que el arma se vuelve contra quienes la esgrimen. Yo me pregunto cuando les escucho: "¿Qué concepto tendrán de sí mismos estos compañeros?".

Hizo Maragall el elogio de la palabra en forma tan hermosa, tan noble, tan soberana, que la materia quedó consagrada como intangible, y nadie, discretamente, puede mover el tema. A aquel texto hay que remitir a los incrédulos.

Quien no fíe en la fuerza del verbo, ¿en qué fiará? El verbo es todo: estado de conciencia, emotividad, reflexión, efusión, impulso y freno, estímulo y sedante, decantación y sublimación... Donde no llega la palabra brota la violencia. O los hombres nos entendemos mediante aquella privilegiada emanación de la Divinidad, o caeremos en servidumbre de bruticie.

¿Qué podrá suplir a la palabra para narrar el caso controvertido? ¿Con qué elementos se expondrá el problema? ¿De qué instrumental se echará mano para disipar las nubes de la razón, para despertar la indignación ante el atropello, para mover la piedad y para excitar el interés?

Por la palabra se enardecen o calman ejércitos y turbas; por la palabra se difunden las religiones, se propagan teorías y negocios, se alienta al abatido, se doma y avergüenza al soberbio, se tonifica al vacilante, se viriliza al desmedrado. Unas palabras, las de Cristo, bastaron para derrumbar una civilización y crear un mundo nuevo. Los hechos tienen, sí, más fuerza que las palabras; pero sin las palabras previas los hechos no se producirían.

Abominen de las palabras los tiranos porque les condena, los malvados porque les descubre y los necios porque no las entienden. Pero nosotros, que buscamos la convicción con las armas del razonamiento, ¿cómo hemos de desconfiar de su eficacia?

Se alega que cuanto hemos de decir en los informes ya consta en los escritos y huelga repetirlo. Prescindiendo que no siempre es así, bueno será advertir que, para el efecto de persuadir, no cabe comparación entre la palabra hablada y la escrita, y que en aquélla los elementos plásticos de la expresión mímica valen más que las resmas de papel y denuncian más claramente la sinceridad o la falacia del expositor. Cuando tratamos asuntos personales, solemos decir que se adelanta más en media hora de conversación que en medio año de correspondencia. Y lo que es verdad en todos los órdenes de la vida, ¿dejará de serlo en el forense?

Hay aún otro argumento, definitivo a mi entender. Los pesimistas creen que en una vista los Magistrados, todos los Magistrados, afrontando su recíproca crítica y el estigma de los Letrados y la censura del público, se han de dormir mientras hablamos o, aunque no se duerman, no nos han de escuchar, y si nos escuchan no nos han de entender, y si nos entienden no nos han de hacer caso. ¡Y esos mismos desconfiados piensan que los tales jueces, sin la presión del acto público, a solas en sus casas, velarán por el gusto de saborear nuestros escritos y los desmenuzarán letra por letra y creerán cuando en ellos decimos! Hay que ser congruentes: si un juez nos ofende no escuchándonos cuando nos vemos cara a cara, mucho menos nos honrará leyendo nuestras lucubraciones cuando estemos cada cual encerrado en nuestra casa. La compulsa entre la virtualidad de la primera instancia y la de la segunda o el juicio criminal, me evitan nuevos conatos de demostración.

Quiero contar aquí una anécdota que me confirmó, de manera irrebatible, en estas mis convicciones de siempre. Fui en cierta ocasión a informar como apelante en una Sala Civil de la Audiencia madrileña. Al llegar, me detuvo en un pasillo el Secretario, diciéndome:

—Nos chocó mucho que no asistiera usted a la vista de ayer.

—¿Ayer? —le repliqué—. Ayer no tenía señalada ninguna vista.

—¿Cómo que no? —insistió—. ¡Ya lo creo! Lo que ocurre es que todos nos descuidamos de vez en cuando.

—Claro que sí, y a mí puede pasarme como a cualquiera; pero le aseguro a usted que ayer no tenía yo señalamiento alguno.

—¡Sí, hombre, sí! El pleito de A contra B.

—¡A ése vengo hoy!

—¡A buena hora! Se vio ayer, y por cierto que su contrario tampoco asistió.

—¡Claro! Como que está aquí con la toga puesta para informar.

—¡Caramba! Eso ya me pone en cuidado. Porque es muy raro que se hayan confundido los dos. Pero, en fin, tan cierto estoy de los que afirmo, que, en confianza, le diré a usted que no sólo se dio por celebrada la vista, sino que se falló. Lo pierde usted y llevo ya aquí puesta la sentencia, porque no hay ropa nueva. Se acepta totalmente la apelada.

Aquí debí lanzar una interjección. No recuerdo cuál fue ni podría afirmar que fuese publicable. Pero que la expelí estoy seguro, porque yo iba muy ilusionado con el caso y me parecía indefectible lograr la revocación.

Total, que advertido mi compañero y no menos sorprendido que yo, visitamos al Presidente para dar y pedir explicación de lo ocurrido, que resultó ser un quid pro quo entre el libro de señalamientos, el rollo y las notificaciones. Deshecho el error y puesto que los dos Letrados estábamos presentes y conformes, la Sala accedió a celebrar nuevamente la vista en aquel instante. ¡Calcúlese cómo subiría yo a informar, sabiendo que el negocio estaba ya prejuzgado... en contra mía!

Y sucedió que se revocó la sentencia apelada y gané el pleito.

¿Tengo o no tengo, con ese caso en la memoria, obligación de creer en la eficacia del informe?

Verdad es que hay Magistrados inabordables, berroqueñas togadas para quienes la palabra y cualquier manifestación racional son igualmente ociosas. Con ellos sólo es útil la jubilación o la degollación. Mas es muy raro que en una Sala no haya uno, siquiera uno (suele haber más), que escuche, entienda y discurra. Y en habiendo uno, basta, porque se hace casi siempre "el amo de la situación" y arrastra a los otros.

No es justo volcar sobre los Magistrados el peso íntegro de la ineficacia del informe. Muchas veces tenemos gran parte de la culpa los defensores por no hacernos cargo de la realidad, y hablar en forma inadecuada. Invito a mis colegas a reflexionar sobre estas cualidades de la oratoria forense:

A. La brevedad: "Se breve —aconsejaba un Magistrado viejo a un Abogado joven— que la brevedad es el manjar predilecto de los jueces. Si hablas poco, te darán la razón aunque no la tengas... y a veces, aunque la tengas".

Toda oratoria debe contar con esta excelsa cualidad, pero más singularmente la de estrados. El Magistrado lleva consagrada toda su vida a oír; no es joven; no tiene grandes ilusiones; está mal pagado; tiene secas las fuentes de la curiosidad; ha oído centenares de veces historias análogas y divagaciones idénticas. ¿Vamos a exigirle que se juzgue feliz atendiendo cada día a dos de nosotros, si le hablamos a razón de dos o tres horas cada cual?

No es cosa sencilla esto de ser breve. "Te escribo tan largo porque no he tenido tiempo para escribir más corto", nos enseña una frase memorable. Y verdaderamente, el arte del orador estriba no poco en condensar, achicar y extractar antecedentes y argumentos, escatimando las palabras y vivificando la oración a expensas de sus dimensiones. Recuérdese la diferencia de cubicación entre una viña y el vino que se obtiene de ella. Proporción semejante ha de haber entre el contenido de un pleito y su defensa oral.

B. La diafanidad. En elogio de un Abogado, decía un Magistrado amigo mío: "Habla claramente, para que te entienda el portero de estrados; y si lo consigue, malo ha de ser que no le entienda también alguno de los señores de la Sala". Aparte de la hiperbólica causticidad del concepto, así hay que proceder. Nuestra narración ha de ser tan clara que pueda asimilársela el hombre más desprevenido y tosco; no porque los jueces lo sean, sino porque están fatigados de oír enrevesadas historias. Años y años de escuchar el inmenso e inacabable barullo de nacimientos, matrimonios, defunciones, testamentos, transmisiones de fincas, deslindes, pagarés, escrituras, transacciones, etc., etc., acaban por formar en el cerebro judicial una especie de callo de la memoria productor de un invencible desabrimiento, de una absoluta inapetencia para asimilarse nuevas trapisondas de la Humanidad. Tal disposición, más fisiológica que reflexiva, sólo puede contrarrestarse diciendo las cosas precisas y en términos de definitiva claridad. Hay que hablar con filtro.

C. La preferencia por los hechos. Alguna vez oí yo tachar a Díaz Cobeña en tono despectivo: "Es el abogado del hecho". ¡Y yo que en eso encontraba su mayor mérito! Para cada vez que se ofrece un problema de estricto Derecho, de mera interpretación legal, cien mil se dan casos de realidad viva, de pasión o de conveniencia. Y eso es lo que hay que poner de relieve. La solución jurídica viene sola y con parquedad de diálogo. Las opiniones que he asentado al tratar de La sensación de la justicia me excusan de una repetición.

D. La cortesía desenfadada o el desenfado cortés. Esto es, el respeto más escrupuloso para el litigante adverso y para su patrono... hasta el instante en que la justicia ordene dejar de guardárselo. Es imperdonable la mortificación al que está enfrente sólo por el hecho de estar enfrente; pero es cobarde deserción del deber el abstenerse de descubrir un vicio y de atacarle, ocultando así extremos precisos a la propia defensa, por rendirse a contemplaciones de respeto, de amistad o de delicadeza semejante. Al ponerse la toga, para el Letrado se acaba todo lo que no sea el servicio de la defensa.

E. La policía del léxico. Entre nuestra deficientísima cultura literaria y la influencia del juicio por jurado, los Abogados hemos avillanado el vocabulario y hemos degradado nuestra condición mental. Bueno será no olvidar que somos una aristocracia y que, en todas las ocasiones, es la Abogacía un magisterio social. Aquella compenetración que, en beneficio de la claridad, he defendido para que al Abogado le entienda un patán, no ha de lograrse deprimiendo el nivel de aquél, sino elevando el de éste.

F. La amenidad. En todo género oratorio hay que producirse con sencillez, huyendo de lirismos altisonantes y de erudiciones empalagosas. Singularmente, los pleitos no se ganan ya con citas de Paulo, Triboniano y Modestino, ni en fuerza de metáforas, imágenes, metonimias y sinécdoques. Aquello es sumergirse en un pozo, esto, perderse en un bosque. El secreto está en viajar por la llanura, quitar los tropiezos del camino, y de vez en cuando provocar una sonrisa.

Con todo lo dicho va expresado mi voto en pro del procedimiento oral en todo caso y a todo pasto. Lejos de amenguarle, importa sustituir con él mil y mil trámites que hoy se cumplen por escrito, con desventaja para la finalidad práctica y con lamentable dispendio del tiempo.

Y no se nos tache de charlatanes. Somos los que menos hablamos, justamente porque la experiencia nos adiestra en la contracción, mientras los demás se recrean en la expansión. Decía el célebre Abogado Edmond Rousse, aplicándolas a Francia, estas palabras que a España convienen de la misma manera: "¡Como si los Abogados fuesen los únicos que hablan en este país donde nadie sabe callar! ¡Como si todos los que nos representan y gobiernan fuesen personajes mudos del gran teatro en que día por día se desenvuelve la historia! ¡Como si los filósofos, los pedagogos y los sabios, los escritores y los médicos, los periodistas y los algebristas, los economistas, los vaudevillistas y los químicos no hablasen más alto y más fuerte que nosotros! ¡Como si no metiesen más ruido e hiciesen más daño del que pueden hacer todos los Abogados mediocres y todos los leguleyos desaprensivos!".

Glosando estos conceptos, el Abogado y novelista Bordeaux añade: "El orador que es Abogado sabe, por lo menos, coordinar un discurso. Pero cuando la Bruyère se burlaba de esas gentes que hablan un momento antes de haber pensado, de sobra sabía que se las encuentra en todos los empleos. La política es hoy su carrera".

EL ESTILO FORENSE

¿Modestia? ¿Indiferentismo? ¿Egoísmo? ¿Pereza? Sea lo que sea, lo cierto es que los abogados no nos damos la menor importancia a nosotros mismos. "Tiramos" de nuestra profesión como si fuera una cosa insignificante, trivial, anodina.

Eso no puede ser. Hay oficios que se pueden ejercer con el alma fría (empleado de un Ministerio, de un Consejo o de un Banco, delineante, músico de los que manejan un instrumento no cantante, viajante de comercio, etc.), pero hay otros que requieren el "alma caliente". ¿Cómo concebiremos a un pintor, un novelista o un poeta si no están enamorados de la Belleza? ¿Cómo entender a un médico si no tiene pasión por la salvación de sus enfermos, por los adelantos científicos, por la salud pública? ¿Cómo comprender a un financiero, a un ingeniero si no sienten entusiasmo por crear riqueza con sus obras y sus iniciativas? Pues de igual manera, ¿qué abogado será aquel que no ame la Justicia sobre todas las cosas y no sienta el orgullo de ser sacerdote de ella?

Con una diferencia: que se puede vivir sin belleza, sin riqueza y hasta sin salud. Se vive mal, pero se vive. Mientras que sin justicia no se puede vivir. Si no tenemos libertad para andar por la calle o para guarecernos en nuestra casa, si no hay quien nos proteja para exigir el cumplimiento de un contrato, si no hallamos amparo para el buen orden de nuestra familia, si nadie nos tutela en el uso de nuestra propiedad y en la remuneración de nuestro trabajo, ¿qué valdrá la vida? Será sencillamente un tejido de crímenes y de odios, un régimen de venganzas, una cadena de expoliaciones, el imperio de la ley del más fuerte; la barbarie desenfrenada, en fin.

No exagero. A poco que lo meditemos nos hacemos cargo de que si amamos y trabajamos y paseamos y comemos y dormimos, es porque, muda e invisible, se atraviesa en todos nuestros actos esa diosa etérea e impalpable que se llama la Justicia. Si ella se duerme, estamos perdidos. Véase lo que pasa allí donde el imperio de la Justicia aparece sustituido por la caprichosa voluntad del hombre. No queda en tales sitios nada de tipo humano, ni siquiera la vida vegetativa, porque aun esta misma no está garantizada.

La Justicia es la expresión material de la Libertad. Es, por consiguiente, para el hombre, algo tan esencial como el aire respirable. Una norma de Justicia inspira y preside todas nuestras acciones, hasta las más ínfimas, nuestros pensamientos, hasta los más recónditos, nuestros deseos, hasta los más nimios. Ser ministro de la Justicia es algo trascendental, definitivo. No se puede ser juez, fiscal ni abogado sin el orgullo de estar desempeñando las funciones más nobles y más importantes para la Humanidad.

Una de las demostraciones de lo poco que los abogados nos apreciamos a nosotros mismos está en la poca atención que prestamos a la herramienta de nuestro oficio que es la palabra, escrita o hablada. Nos producimos con desaliño, con descuido. Redactamos nuestros trabajos como en cumplimiento de mera necesidad ritual. No nos reconcentramos para alumbrar nuestra obra. Es decir, nos reconcentramos para el estudio del caso legal y apuramos los textos aplicables y la jurisprudencia de los tribunales y la doctrina de los autores. Eso lo hacemos muy bien y no debo desconocerlo. Pero yo me refiero a "lo otro": a la forma, a la expresión literaria, al decoro del decir. En eso somos lamentablemente abandonados. Aquí y en todas partes. No excluyo a España. Así se ha creado una literatura judicial lamentable, en que jueces y abogados, a porfía, usamos frases impropias, barbarismos, palabras equivocadas, todo un "argot" ínfimo y tosco. No tenemos noción de la medida y nuestros escritos pecan unas veces de insuficiencia y otras por pesados y difusos. Es frecuente que el jurista haga por sí mismo los escritos a máquina, es decir, sin revisión ni enmienda. Aun en aquellos casos en que la redacción es correcta, suele faltar el hálito de vida, el matiz de pasión, el apunte crítico, todo lo que es condimento y especia y salsa de las labores literarias. Consideramos los escritos como operaciones aritméticas, a las que sólo se exige que sean exactas, pero no son susceptibles de belleza ninguna.

Tal abandono nos desprestigia. Es como si el artillero dejara oxidarse el cañón o el médico permitiera que se mellase el bisturí o el arquitecto perdiese el compás y las reglas. ¿No es la palabra nuestra arma única? Pues usémosla bien. A toda hora debiéramos tener presente aquella prudente máxima con que comienza el tratado de Crotalogía o arte de tocar las castañuelas.

—Se puede tocar o no tocar las castañuelas; pero ya de tocarlas, tocarlas bien.

De idéntico modo se puede ser o no ser abogado, pues nadie nace, por ley natural, obligado a serlo; pero ya de serlo, serlo bien. Y si no hay otra manera de ser abogado sino usando de la palabra, empleémosla como corresponde. Con dignidad. Con pulcritud. Con eficacia.

El abogado es un escritor y un orador. Dos veces artista. Si no lo es, será un jornalero del Derecho, un hombre que pone palabras en un papel, mas no un verdadero defensor de los hombres, de la sociedad y de la Justicia: que todos estos son sus clientes.

He dicho que el abogado es un escritor. Y me he quedado corto porque en el abogado hay tres escritores: el historiador, el novelista y el dialéctico.

Hay, ante todo, un historiador, porque la primera tarea del abogado es narrar los hechos. De narrarlos bien a narrarlos mal, va un mundo. Todos hemos padecido en la consulta la angustia de soportar a esos clientes que no saben contar las cosas, que empiezan su explicación por la mitad, cual si nosotros estuviéramos previamente enterados de todos los antecedentes, que confunden las personas, que olvidan hechos esenciales. Todos hemos leído libros en que hemos de repasar dos y tres veces las mismas hojas, porque el autor no supo decirnos con claridad lo que se proponía. Todos hemos aguantado en la conversación a los interlocutores difusos, enrevesados o monótonos. Y en todos estos casos nos hemos sentido desesperados. Sólo porque el cliente, el escritor o el conversador no sabían contar.

Narrar no es fácil. Hay que exponer lo preciso, sin complicaciones. Hay que usar las palabras adecuadas y diáfanas. Yo recuerdo siempre a un abogado y político español, orador máximo de nuestros tiempos, que en los estrados nos deleitaba con su facundia maravillosa cuando desenvolvía el tema jurídico. ¡Qué pompa! ¡Qué fastuosidad imaginativa! ¡Qué metáforas! Pero no sabía contar y nos dejaba sin entender el pleito. Aquella exposición minúscula y ramplona (Juan se casó con Petra; tuvieron dos hijos, Jaime y Juana; Juana se murió y la heredaron sus padres, etc.), era para él inabordable. Le sobraban ingenio y elocuencia pero faltaba en él la virtud característica del historiador.

No todo el mundo vale para el caso. Si tocamos la historia argentina, querremos saber quién era San Martín y de dónde venía; quién lo acompañó; por qué desoyó los llamamientos del Gobierno; qué hizo en Chile; por qué no se quedó; por qué siguió una línea marítima y no la ruta del Alto Perú; qué le pasó con Bolívar, etc., etc. Si nos lo cuentan bien, reconoceremos a San Martín y su obra. Si nos lo cuentan mal, nos quedaremos sin enterarnos de nada.

Pensemos siempre que lo primero que necesita el juez es enterarse del caso. ¿Y cómo se enterará si nosotros no se lo explicamos con acierto? El extravío al apreciar un hecho o un detalle puede arrastrar una cadena de equivocaciones y producir un fallo injusto. Se desprende de ahí que el primer cimiento para el acierto judicial depende de nosotros: de que sepamos o no exponer el caso. De suerte que el historiador es el primer literato que aparece en nuestra personalidad profesional.

Mas no basta el historiador. Viene después el novelista. Cada pleito es un problema de psicología. La psicología es el conocimiento del hombre y su acertada descripción. De ahí que la narración no será completa ni alcanzará eficacia, si en los momentos oportunos no va acompañada de unas pinceladas que destaquen el tipo o acentúen el hecho.

Si atacamos a un usurero avariento, no nos debemos limitar a explicar el contrato abusivo hecho en su beneficio. Será conveniente que saquemos a la luz sus antecedentes y sus modos para hacerlo antipático al tribunal. Si estamos refiriéndonos a un muerto por accidente, no será lo mismo para la narración que el muerto sea un soltero o que sea un padre de familia con una docena de hijos en la miseria. Si estamos planteando una infidelidad conyugal, no podemos pintar de igual manera a la mujer que se extravió una vez por amor y a la que mostró siempre alma de empedernida prostituta.

Así en todo. El drama, la comedia y el sainete que el pleito entraña, se forma con personajes y con hechos. Retrasar aquéllos y destacar éstos es necesidad primordial en el letrado. No es lo mismo decir "Fulano falleció" que explicar cómo falleció, si la forma tiene algún interés para el asunto. No es lo mismo señalar simplemente que Mengano faltó a su compromiso que puntualizar su hábito de hacerlo y apuntar los casos más sangrantes.

Todo esto no es ya de la jurisdicción del historiador sino de la del novelista o el dramaturgo. Ese juego de hombres y cosas, esas descripciones de sucesos y caracteres, son el nervio del litigio. Debemos esforzarnos porque los jueces participen de nuestros sentimientos.

Fijémonos en lo que ocurre con las informaciones periodísticas. Cuando un periodista toma entre sus manos un crimen o un pleito, describe de tal modo lo ocurrido y retrata tan vivamente los personajes, que los lectores se adentran en el hecho, toman partido, siguen con avidez las explicaciones, se apasionan por este o por el otro protagonista y defienden calurosamente tal o cual solución como la más justa o acertada.

Naturalmente, no voy a recomendar que copiemos las fórmulas de los diarios: primero, porque el periodista suele escribir de lo que no está enterado e inventa la mitad o las dos terceras partes; después porque su estímulo no es que prevalezca la justicia sino fomentar el sensacionalismo y aumentar la venta; y en último término porque los informadores y reporteros —perdónenme— suelen escribir bastante mal. No consienten tampoco primor más grande los apremios con que un periódico se confecciona.

Pero salvados los móviles y las distancias, el ejemplo periodístico es digno de ser tomado en cuenta. El periodista quiere captar al público; nosotros queremos captar al juez. Para lograrlo, aquél destaca hombres y hechos; nosotros no tenemos mejor camino. Si los hombres son simpáticos o antipáticos, si los hechos son repulsivos o atractivos, ¿no será para el letrado un imperativo pintar las cosas tal cual él las ve y procurar atraer a los jueces a su bando? Éste es arte de novelista; de novelista honrado, fiel a la verdad, sin más apasionamientos que aquellos inexcusables en la defensa, sin malicia, sin chocarrerías, sin notas de mal gusto; pero novelista, en fin.

Y queda el dialéctico. Cuando el abogado pasa de la narración del caso y de la pintura de los caracteres al razonamiento jurídico, sus modos literarios han de cambiar en absoluto. Ya no se trata de explicar una historia ni destacar a sus actores, sino de afrontar una tesis, de interpretar una ley, de defender una solución. Esto es patrimonio de la lógica discursiva. Tomando pie de los hechos precedentes, hay que plantear el problema de modo escueto y tajante, para encuadrar la atención del juzgador y poner cuadrículas a su pensamiento. "Dados los antecedentes expuestos: ¿Qué procede, esto o lo otro? ¿Qué interpretación racional es la de tal artículo del código? ¿Cuál es el daño menor, éste o aquél? ¿Quién lo debe sufrir, A o B?" Hay que meter en paralelas el pensamiento judicial.

Y después, razonar. Estrujar el magín, agotar los motivos, elegir, entre varios argumentos para desecharlos o tomarlos, según convenga. Es un trabajo de enumeración, de selección y de cernido. Si perder de vista un dato humano importantísimo: quién es el juez al que los argumentos han de ir enderezados. Porque no a todos los hombres se pueden decir las mismas cosas. Cuando escribimos una carta, nunca dejamos de tener en cuenta las características del destinatario. Otro tanto hay que hacer con los jueces, recordando siempre que el juez no es una categoría zoológica, sino un hombre como los demás, investido de la alta potestad de juzgar a sus semejantes.

Si el juez es corto de alcances, deberemos machacar en los argumentos para ver de metérselos en la cabeza. Si es discreto y agudo debemos limitarnos a las indispensables insinuaciones, pues de otro modo se enojará pensando que se le toma por un hombre de poco seso y corta ilustración, con lo cual se prevendrá contra nosotros. Si las ideas políticas del juez nos son conocidas, debemos procurar que no se nos escape nada que pueda herirlas. Otro tanto hay que hacer en relación con los hábitos y orientaciones sociales. Chocar con la idiosincrasia del juez es un peligro para el abogado... y para el pleito.

Esto requiere una aclaración para que no se crea que recomiendo la táctica adulatoria, indigna en cualquier hombre y mucho más en un abogado. Hay ocasiones en que se debe y se puede mortificar al tribunal. Una de las más altas empresas del abogado es saber luchar contra los jueces. Mas esto ha de hacerse —sin miedos y sin titubeos— cuando se juzgue necesario para la causa patrocinada. Lo que quiero decir es que no se debe entrar en el pleito a ciegas, desconociendo el temple del juez. Como dice el título de cierta sección de un periódico de Buenos Aires: "Hay que saber quién es quien...". Atacar a un juez, por libre decisión, está muy bien y es plausible. Molestarle sin necesidad, solo por ignorar de quién se trata, me parece tonta temeridad.

En esto de argumentar, me permito indicar que vale más un pensamiento propio que cien ajenos. Lo digo porque hay muchos compañeros que muestran afición a citar las opiniones de todos los autores habidos y por haber... que en definitiva suelen ser un par de docenas, siempre los mismos. Comprendo que, en ocasiones, es fructífera y hasta definitiva alguna cita; pero el fárrago de textos es tan enfadoso y pesado que los jueces acaban por decir irritados: "Bien, ya sé lo que piensan sobre este punto todos los autores del mundo, pero preferiría saber, simplemente, lo que piensa el autor de este escrito".

Se dirá: "piensa como los autores que cita". Pero no es lo mismo. Esa es su petición, su aspiración. Mas lo que importa conocer son sus razones propias, no las copiadas de otros libros que el juez puede leer cuando quiera.

Nueva advertencia. Para el razonamiento son utilísimos los ejemplos, especialmente los toscos y puntiagudos. Ya sé que hay magistrados a quienes les sabe mal. "¿Creerá este señor —refunfuñan— que sin este ejemplo burdo no me habría yo enterado?" Respeto su enfado, pero como estoy de vuelta de tantas cosas en la vida, me hallo bien enterado de que ese ejemplo primario, iluminando repentinamente al juez, le ha ahorrado media hora de reflexión. Claro que con ella llegaría al mismo resultado, pero si con mi ejemplo se la puedo evitar ¿por qué no hacerlo? Aunque simule una pequeña herida en el amor propio... por el buen parecer.

Insisto. El abogado ha de ser, escribiendo, historiador, novelista y dialéctico. Si no, mediano abogado.

Sabido esto, ¿cómo escribir? Cualquiera creerá que éste es el lugar indicado para que yo, calándome las gafas, adoptando gesto doctoral y echándomelas de dómine, suelte aquí una completa preceptiva literaria.

Pues... nada de eso. Casi todas las preceptivas, en todos los órdenes, me parecen inútiles. Lo mejor que el hombre alumbra es lo espontáneo. Cada cual habla o escribe como Dios le da a entender y es vano intentar que el premioso sea afluente o que el desbordante sea moderado. Sólo cabe fijar unos cuantos jalones para orientar el juicio. Antes son líneas de conducta, que normas técnicas.

La primera condición del hombre de Foro es la veracidad. Se dirá que esto se relaciona con la ética y no con el estilo. Así es. Pero de todas suertes, no está demás fijar esa virtud como la primera y más esencial condición de nuestro trabajo.

Aunque un vulgo ignaro y prostituido suele creer que la gracia del abogado está en hacer ver lo blanco negro, la verdad es exactamente la contraria. El abogado está para que lo blanco deslumbre como blanco y lo negro se entenebrezca como negro. Somos voceros de la verdad, no del engaño. Se nos confía que pongamos las cosas en orden, que procuremos dar a cada cual lo suyo, que se abra paso la razón, que triunfe el bien. ¿Cómo armonizar tan altos fines con un predominio del embuste?

El abogado se debe a la verdad antes que a nada. Yo no digo que en el orden del Derecho no puedan sostenerse teorías atrevidas y buscar a las leyes interpretaciones arriesgadas. En eso no hay maldad, por la sencilla razón de que los jueces tienen nuestro mismo título académico, idéntica preparación profesional, los mismos elementos del juicio. Si desbarramos, peor para nosotros porque cederá en nuestro desprestigio, pero al tribunal no lo podemos engañar. Con la ley a la vista, discurrirá según le plazca y nos discernirá el título de atinados o de descarriados. Lo único que no ocurrirá es que le hagamos comulgar con ruedas de molino.

Pero en cuanto a los hechos, la situación es distinta. El juez no sabe sino lo que nosotros le contamos, no conoce más documentos sino los que nosotros le aportamos, fía en nuestra rectitud moral y supone que no le diremos que un casado es soltero o que un muerto está vivo. Mentir en el debate forense es poco útil, porque frente a nosotros está nuestro adversario para restablecer la verdad y desenmascararnos. Pero si se trata de actuaciones en que no haya parte contraria o no esté personada, o se distraiga y caiga en la red de nuestro engaño, ¡qué tremenda responsabilidad de conciencia! Yo no sé cómo un letrado puede vivir tranquilo cuando está confesándose a sí mismo: "Esto que voy diciendo es falso. Me pagan por mentir. Estoy arrebatando a otro lo que le pertenece merced a una artimaña embustera". ¿Qué concepto puede tener tal hombre sobre sí mismo? ¿No se contemplará como un ser despreciable y vil?

Ejemplo categórico. Cuando sabemos que un hombre ha matado a otro podremos aceptar o rechazar su defensa, y si la aceptamos podremos excusar su acto alegando eximentes o aminorar la responsabilidad buscando atenuantes. Lo único que no podemos hacer es negar el hecho, para que, por tal camino, pueda recaer la responsabilidad sobre otra persona, aunque nosotros no la acusemos directamente. Sólo con haber triunfado en la ocultación y logrado la impunidad del crimen mediante una mentira, ya hay bastante para no vivir tranquilo. Si, además, dejamos que sobre un inocente refluya la responsabilidad o, cuando menos, la simple sospecha, la leve duda, la mínima insinuación ¿cómo se podrá volver a conciliar el sueño? Pocos crímenes habrá mayores que ése.

Esto es tan claro que no necesita argumentación. Únicamente los miserables pueden desconocerlo. Tratemos, pues, de un matiz delicado que puede inspirar dudas. Me refiero al caso en que debamos alegar una razón de hecho o de derecho que a nosotros mismos no nos convenza. Descuento aquellas tan totales y graves que nos brinden como única solución repeler el asunto. Aludo sólo a las que, entre otras admisibles, nos parecen inaceptables. Por ejemplo, nuestro cliente funda su derecho en cuatro motivos, de los cuales tres nos parecen atendibles y otro desdeñable. Otro caso: el juez nos ha dado la razón por siete motivos de los que cinco son excelentes y los otros dos, disparatados. ¿Qué hemos de hacer en casos tales? ¿Fingir un convencimiento que no tenemos? ¿Representar la comedia de una persuasión que no nos acompaña y poner idéntico calor en la defensa de todos los aspectos, los buenos y los malos? No me atrevo a propugnar tal solución. Al menos, nunca la he practicado. He preferido producirme con lealtad y decir: "Señor, de las cuatro razones en que mi cliente apoya su conducta, tres me parecen evidentísimas y las patrocino con fervor. En cuanto a la cuarta, estoy lleno de dudas y sólo la expongo por no abandonar ningún medio de defensa, por si fuese yo el equivocado". O bien: "De los siete motivos en que el señor juez apoya su fallo, estoy compenetrado absolutamente con cinco, pero no me convencen los otros dos. Los mantengo todos ante la Cámara sólo para que ella, con su elevado juicio, pueda apreciar lo que estime mejor".

Tal conducta, en el curso de la vida profesional, robustece el prestigio del que la practica. Los jueces ponen duplicada confianza en el profesional a quien nunca han visto trocar la toga por el disfraz de Arlequín.

Después de la veracidad, la primera condición del escritor forense ha de ser la claridad. Nunca se recordará bastante el precepto del Quijote: "llaneza, muchacho, llaneza, que toda afectación es mala". Todo el que escribe debe hacerlo para que le entiendan. Pero, al fin y al cabo, si el filósofo, el novelista o el poeta se empeñan, el público aburrido no los leerá y allá ellos. Ellos solos serán los perdidosos. Pero las torpezas del escritor forense no las paga él con su descrédito, sino que las sufre el cliente cuyo derecho no ha quedado de manifiesto.

Hemos de contar, además, con que los jueces son unos señores que tienen secas las fuentes de curiosidad. Hartos están de escuchar historias que no les importan, líos de familia, enredos de sucesiones, complicaciones de cuentas, trapisondas de medianerías y de servidumbres. El juez coge siempre el pleito a desgano y es naturalísimo que ocurra así. Por consiguiente, el arte del abogado consiste en plantear las cosas con tal sencillez que el juez se sienta atraído a leer aun sin ganas. No ha de haber en nuestros escritos otros conceptos sino los necesarios y hemos de buscar palabras más concretas y diáfanas. Un maestro de la literatura española, Juan de Valdés, decía en su Diálogo de las lenguas, escrito en el siglo XVI: "cuando hablo o escribo tengo cuidado de emplear los mejores vocablos que encuentro, dejando siempre a un lado los que no son tales. El estilo que sigo me es natural y sin ninguna afectación. Escribo como hablo; solamente pongo atención en usar palabras que signifiquen bien lo que quiero decir y esto digo en la manera más llana que me sea posible. Hay que decir lo que se quiere con el menor número de palabras, de manera que no se pueda quitar una sola sin menoscabar el sentido, la eficacia o la elegancia". ¡Magnífico consejo! Con seguirlo al pie de la letra habremos logrado una de las mayores ventajas de nuestra tarea. Hay —quizá fue más propio decir que había— algunos colegas que se entretienen en trazar largos exordios explicando la importancia del pleito, la gravedad de la sentencia que se pretende, los motivos de convicción del defensor, etc. Todo eso es paja y al tribunal lo tiene enteramente sin cuidado. Salvo casos excepcionales que requieren una breve explicación previa, la regla general ha de consistir en evitar alegaciones inútiles y acometer desde el primer momento la explicación del caso.

Aneja a la claridad ha de ir la virtud de la brevedad. Cierto magistrado viejo, dando consejo a un abogado novel, le decía entre otras cosas: "Sé breve, que la brevedad es el manjar preferido de los jueces. Siéndolo, te darán la razón aunque no la tengas y a veces... a pesar de que la tengas".

Está desgraciadamente muy difundida la afición a los escritos kilométricos y dedicados en su mayor parte a citar sentencias y más sentencias de todos los tribunales nacionales y, por añadidura, de los de Norteamérica. Eso de invocar la jurisprudencia de los Estados Unidos sin duda "viste mucho". Igual afición muestran los jueces en sus sentencias. Ello es debido, en parte, a la falta de recurso de casación. Si lo hubiera, se daría aquí una sola, positiva y auténtica jurisprudencia que permitiría reducir enormemente las citas. Como no la hay, cada cual busca sus agarraderos donde puede, y así se multiplican las citas en la Suprema Corte, de todas las cámaras, de los juzgados de primera instancia, y, si a mano viene, hasta de los juzgados de paz. Como todos, por falta de una jurisprudencia orientadora, dan rienda suelta a su albedrío, las doctrinas son contradictorias y cada parte puede transcribir varias docenas de las que le convienen, sin perjuicio de que la parte contraria haga otro tanto con idéntico fruto. Sistema delicioso merced al cual cada pleito se hace más farragoso, más complejo y más oscuro. Importa buscar el remedio. Decir poco y bueno es mil veces preferible a gastar el papel por toneladas, acudiendo a antecedentes no siempre adecuados ni oportunos.

Unida a la claridad y a la brevedad debe ir la amenidad. Ya se comprende que no recomiendo el uso de chascarrillos, retruécanos y bromas inadecuadas para la seriedad de un debate judicial. Pero la vida brinda siempre aspectos cómicos y un hombre inteligente no debe desaprovecharlos: Una alusión irónica, el relieve de un personaje ridículo, el subrayado de una situación equívoca, la invocación de una agudeza, el recuerdo de un episodio chusco, son cosas que animan el relato, pueden dar eficacia a un argumento y, sobre todo, permiten al lector un reposo mental instantáneo que siempre sirve para continuar la lectura con el ánimo refrescado. La gracia es un don del cielo que viene bien en todas las ocasiones de la vida y el usarla no sólo es lícito sino conveniente. En España, al menos, los anales del Parlamento, de la Universidad, de los Tribunales, de la Administración, de la Prensa, abundan en notas alegres. Cada español es una fuente de anécdotas. Y en los escritos forenses, el ataque intencionado, la palabra de doble sentido, la crítica mordaz, la increpación desenfadada son toques jocundos que suelen adornar esa especial literatura, amenazada siempre de la pesadez y el aburrimiento.

¿Y la erudición? —se preguntará—. ¿Y la filosofía? ¿Y la ciencia del Derecho? ¿Es que todo eso ha de quedar proscrito del estilo forense?

Vamos despacio. Yo empiezo por negar que el derecho sea una ciencia. Fijémonos en que el Derecho no responde a ninguna ley fija. En las ciencias verdaderas hay unos principios inmutables, sobre los cuales van los hombres estableciendo sus maravillosas creaciones: la ley de la gravedad, la de capilaridad, la de dilatación de los cuerpos, la de la estabilidad, la de refracción de los rayos solares, etc. En el Derecho no hay ni un solo principio estable y seguro. Lo que era magnífico ayer, es detestable hoy. Lo que es necesario aquí es nocivo cien kilómetros más allá. Lo que viene bien a Juan lo daña a Pedro. Todo es circunstancial, movedizo, inconsistente, mudable. ¿Cómo concebir una ciencia que no tiene un solo principio?

Veamos la realidad. Desde hace poco más de un siglo, el Derecho civil estaba impregnado de libertad. La potencia individualista imperaba por todas partes como hija de la Revolución. ¡Pues ya estamos cambiando! Donde antes era sagrada la libertad contractual, ahora predomina la economía dirigida. Al axioma "el que usa de su derecho a nadie ofende" lo ha sustituido el abuso del derecho.

La patria potestad era antes una tiranía del padre, que llegaba a tener derecho sobre la vida del hijo. Hoy es una servidumbre del padre tutelar al hijo.

En países históricamente remotos, se edificó la sociedad sobre el matriarcado, dando a la mujer el lugar preferente. Después, durante muchos siglos, fue la mujer verdadera esclava del marido. Hoy prevalece una tesis emancipadora que iguala a los dos sexos.

La libertad de asociación y la de comercio fue durante mucho tiempo ilusión de los pueblos. Pero el abuso de ella y las nuevas necesidades han obligado a legislar contra los trust y monopolios y establecer esa complejísima regulación del contingente y del clearing.

El delincuente fue antes un malvado, necesitado de horca, prisión y apaleamiento; después fue un enfermo precisado de asistencia médica; hoy es un ineducado peligroso, a quien han de atender pedagogos especializados. No obstante lo cual, para decepción de los científicos, se prodiga la pena de muerte más que nunca y ha resucitado el hacha del verdugo de la Edad Media.

Hubo en otras edades repudio de la mujer y estado social para las concubinas. La civilización cristiana borró todo eso y logró instaurar en las leyes y en las costumbres el matrimonio único, perpetuo e indisoluble. Hoy, a la sombra del divorcio, resurge el repudio, mejor o peor disimulado; y en cuanto al concubinato, ya se está produciendo una abundante bibliografía para legitimarlo y se ha dado el primer paso de avance en su normalización con el aumento de los derechos de los hijos ilegítimos.

Las fuentes de las obligaciones eran tradicionalmente el contrato y el cuasicontrato, el delito y el cuasidelito. Pero los fabulosos avances del industrialismo y el maquinismo, elevando a cifras astronómicas el número de sus víctimas, hizo surgir una inesperada teoría, la del riesgo profesional, ajena a todo principio jurídico, que hoy ocupa en el área de la práctica un espacio infinitamente mayor que las otras cuatro fuentes juntas.

¿A qué seguir la enumeración que sería inacabable? El Derecho no es más que una norma de convivencia trazada por la flaca e inconsistente realidad. Quien mejor conozca ésta, será mejor abogado. El científico será un jurisconsulto que tiene su puesto adecuado en la Cátedra y en el libro. El abogado que se proponga actuar de "pozo de ciencia" corre el peligro de ser un hombre que, para ver mejor, apaga la luz.

La filosofía... Todos filosofamos. El abogado más ramplón, cuando examina los motivos de un contrato, las causas de una conducta, las consecuencias de una actitud, filosofa. Será en tono menor, pero filosofa. Si filosofar es buscar el íntimo por qué de las cosas, no cabe duda de que cualquier pleito es una monografía filosófica. Ella marcha como las aguas siguen su curso. Sin pretensiones dogmáticas, sin alharacas técnicas pero cumpliendo su oficio de llegar a la raíz de los movimientos humanos.

¿Y la erudición? La erudicion es saber muchas cosas. Pero hay quien no lo entiende así y cree que la erudición consiste en decir "que se sabe". Todos, en mayor o menor grado, somos eruditos, porque lo que sabemos se lo debemos a lo que hemos leído. Las lecturas han ido formando nuestra conciencia y nuestro ideario. Lo que decimos hoy, es fruto de lo que hemos leído en treinta o cuarenta años. Pero lo que se reputa erudición es la invocación de doscientos o trescientos autores que, si a mano viene, no conocíamos hasta el instante de citarlos. Lo cual no es erudición sino pedantería. ¿A qué viene envanecerse demostrando al público que uno ha leído diez autores franceses, veinte italianos y treinta alemanes? Lo que importa es el sedimento que esas lecturas han dejado en nuestro ánimo. Y eso dará fruto en nuestras ideas y en nuestra conducta, sin necesidad de que presumamos de sabihondos y omniscientes.

Poco hay que tratar de la palabra hablada, porque aquí todavía eso "no se usa". Pero ya se usará. Las iniciativas de La Plata, Córdoba y Mendoza, los insistentes trabajos de la Asociación pro juicio oral, y la corriente del sentimiento público, llegarán a la debida granazón y la gente se convencerá (hace falta que se convenzan los abogados antes que nadie) de que la justicia escrita es justicia secreta; y la justicia secreta no es verdadera justicia porque falta en ella la intervención del personaje principal en todas las instituciones democráticas: la conciencia popular.

En España, la gloria del Foro estaba en la palabra. Como los grandes abogados eran allí —igual que en todas partes— políticos de primera línea, en el Foro se daban cita los oradores más maravillosos. Sus informes eran monumentos de saber (no digamos de ciencia) y de arte. Sólo recuerdo un abogado de primera línea que no llegase a la cumbre política: Don Luis Díaz Cobeña, que cien veces fue requerido a ser ministro y jamás lo quiso aceptar, limitándose a ser senador. Era expositor sereno, minucioso y diáfano. Sus enemigos, para deprimirle, decían que era "el abogado del hecho".

Y no se daban cuenta de que con eso hacían su mejor elogio. De los que yo alcancé, no se borrarán de mi memoria, Salmerón, imponente como la tempestad; Gamazo, razonador formidable; Silvela, incisivo, irónico, frío, y Canalejas, frondoso, imaginativo, ambos oradores magníficos, pero descuidados en el estudio; Maura, el mejor de todos, excelente y profundo jurista, orador arrebatado y ardiente; Melquíades Álvarez, de gran palabra, aunque sin adecuación entre la materia debatida y sus estentóreos gritos; Bergamín, irónico, ondulante, graciosísimo; Alcalá Zamora, orador fastuoso, cuya gran elocuencia no tenía mayor enemigo que su propia pompa oriental; Sánchez Román, helado, impasible, gran señor de la técnica; Jiménez de Asúa, en quien el exceso de competencia científica no logra ocultar su noble y hondo sentido humano... ¡Glorias de España! ¡Personeros de una cultura y de un sentimiento que son de ayer, de hoy mismo (tres de ellos venturosamente viven aún) y que por la vorágine de estos tiempos crueles parecen evocación de otras épocas, de otro mundo...!

Fío en que la Argentina creará su gran tribuna forense. Será gloriosa también, porque el material humano es excelente. Abundan aquí los letrados inteligentísimos y estudiosos. Cuando se decidan a comparecer ante el pueblo darán lustre y honor a su patria y a la Justicia.

Para cuando eso llegue, yo me permitiré someterles esta ponencia que acabo de defender. Siéntanse historiadores, novelistas y dialécticos. Usen de la veracidad, la claridad, la brevedad y la amenidad. Amplifiquen estas cualidades porque la palabra hablada la consiente mejor que la escrita. Acentúen la pasión, que también al hablar tiene mejor acomodo que al escribir. Y sientan el honor y el orgullo de ser abogados, que es una de las cosas más grandes que en el mundo cabe ser.

ELOGIO DE LA CORDIALIDAD

Abogados y Magistrados suelen vivir en un estilo parecido al que la ley de orden público llama "de prevención y alarma". El Juez piensa del Abogado: "¿En qué proporción me estará engañando?". Y el Abogado piensa del Juez: "¿A qué influencia estará sometido para frustrarme la justicia?".

Muy hipócrita sería quien negase que ambas suspicacias tienen fundamento histórico, porque ni escasean los defensores que mientan ni faltan Magistrados rendidos al favor. Ello aconseja derrochar el esfuerzo para procurar a aquéllos una depuración ética y para modificar la organización de éstos en términos que aseguren su independencia.

Pero, aun siendo cierto el mal, no disculpa el régimen de desconfianza a que he aludido. Primero, porque el vicio no es general, sino de ejemplares aislados, y después porque, aunque fuese mil veces mayor, nada remedian la malevolencia en el juicio ni la hosquedad en el trato.

Abundan los defensores correctos, veraces, enamorados del bien. Aunque se nos nieguen otras virtudes habrá que reconocerse que, día por día, aumenta entre nosotros la de la transigencia, que nos hace ser más patriarcas que combatientes. Y en cuanto a los administradores de justicia, fuerza es confesar que nunca se rinden por venalidad (en todo el cuerpo judicial son bien excepcionales los funcionarios capaces de tomar dinero); que no siempre se entregan a la influencia; y que cuando sucumben es bien a desgana, revolviéndose en ellos el espíritu de rebeldía consustancial en cada español, y la susceptibilidad característica de la autoridad en todos los órdenes. En cambio ¡cuántos y qué representativos son los casos de los jueces que han comprometido la carrera, la tranquilidad y la hacienda por no someterse a una presión!

Nos hallamos tan habituados a pensar mal y a mal decir que hemos dado por secas las fuentes puras de los actos humanos. Cuando nos desagrada una obra o un dicho ajenos, no se nos ocurre que podemos ser nosotros los equivocados, o que su autor esté en un error, o proceda por debilidad, o se incline ante el amor o la piedad. No. Lo primero que decimos es: "se ha vendido" o "es un malvado" y, cuando más benévolos, "lo han hecho por el gusto de perjudicarme".

Gran torpeza es ésta. Las acciones todas —y más especialmente las que implican un hábito y un sistema, como las profesionales— han de cimentarse en la fe, en la estimación de nuestros semejantes, en la ilusión de la virtud, en los móviles levantados y generosos. Quien no crea que es posible volar, ¿cómo logrará levantar el vuelo? Quien juzgue irremediablemente perversos a los demás, ¿cómo ha de fiar en sí mismo, ni en su labor, ni en su éxito? Hay que poner el corazón en todas las empresas de la vida.

No se tome el consejo como dimanante de un optimismo ciego o de un lirismo pánfilo, enderezados a aceptarlo todo y afluentes a una risible succión del dedo. De ninguna manera. ¡Pues bonito concepto tengo yo de la Humanidad! Mi insinuación va encaminada a distinguir la malicia genérica y abstracta, que constituye una posición mental inexcusable en los hombres discretos, de aquella otra desconfianza personalizada y directa que suele caracterizar al aldeano zafio y al usurero.

El espíritu tosco mira recelosamente no a la Humanidad, sino, uno por uno, a todos los hombres: "Éste viene a robarme". "Ése se ha creído que yo soy tonto". "Cuando el otro me saluda será porque le tiene cuenta". "Si el de más allá me pide dinero, no me lo devolverá". "Si el de más acá habla un rato conmigo, me despellejará después". Tal enjuiciamiento es venenoso para el carácter, imprime un sello de ferocidad y encarrila hacia un aislamiento huraño.

Lo recomendable es una previa aceptación de todas las maldades posibles, sin preocuparse de personificarlas. "¿Para qué me buscará H?". "No lo sé". Y se le acoge con agrado. "¿Sabe usted que H. es un bribón?" "No me choca". Y se recibe la noticia sin el amargor del chasco.

Más claro: basta con saber que el hombre es igualmente capaz de todo lo bueno y de todo lo malo. A diferencia del perro, que sólo es nativamente apto para lo bueno.

Si nos mirásemos con ese sentido comprensivo los que pedimos justicia y los que la otorgan, el régimen judicial se transformaría esencialmente. Hoy tiene un marcado sabor a pugna. Cada vocero choca con el otro y el Tribunal con los dos. Se respira en el pretorio un ambiente como de recelo orgánico.

¿Se pide reforma de una providencia? El Juez supone que se trata sólo de una obcecación del amor propio o de una argucia dilatoria.

¿Quedan los autores sobre la mesa para resolver? Los Abogados dan por averiguado que el Juez no los mirará.

¿Se escribe conciso? Es que el Abogado no estudia, sino que sale del paso.

¿Se escribe largo? No será por exigencia del razonamiento, sino por ansia de engrosar la minuta.

¿Perdemos el pleito? ¡Claro! De tales influencias gozó sobre el Juez el contrario.

¿Le ganamos sin las costas? Ya que era imposible que nos quitasen la razón, sirvieron al adversario o a sus padrinos haciéndoles ese regalo.

¿Le ganamos con costas? No había más remedio, pero, así y todo, los considerandos no nos llenan.

¿Reconocemos que hasta está bien escrita la resolución? ¡Pues no será del juez, sino del secretario, que es más listo!

Así no se puede vivir. Repito que esas hipótesis son, en ocasiones, tesis innegables, pero al trocar la excepción en regla, envilecemos nuestra razón, rebuscamos los móviles en la cloaca y acabamos por creer que ella es el mundo entero. Difícilmente se calcula el influjo deletéreo que sobre las almas ejerce el hábito de pensar mal.

La redención estaría en considerar que todos —Magistrados y Abogados— trabajamos en una oficina de investigación y vamos unidos y con buena fe a averiguar dónde está lo más justo; a falta de ello, lo menos malo, y en defecto de todo, lo meramente posible. Tan compleja es la vida que, con igual rectitud de intención, se puede patrocinar para un mismo conflicto la solución blanca y la negra y la azul. ¿Por qué empeñarnos en que a fuerza de cachetes prevalezca determinado color, cuando lo más probable es que sea preciso mezclarlos todos para formar la entonación que menos dañe a la vista?

Haría falta para esto perder un poco la afectación hierática con que las funciones judiciales se producen y abrir la compuerta al cambio de opiniones indispensable para el hallazgo de la verdad. Lo preferible sería acabar con la exageración en que se desenvuelve hoy el concepto de la jurisdicción rogada que hace a la justicia prisionera de la habilidad. El juez, dentro de los jalones fijados al litigio por las partes, debiera tener libertad para procurarse elementos de indagación, para formular preguntas a los Letrados, para discutir con ellos y para proponer soluciones distintas de las aportadas por los contendientes. Es lastimoso que la humildísima simiente de esta libertad de investigación que existe en la ley de lo contencioso-administrativo haya caído en desuso.

Medidas secundarias, pero también útiles sería la publicidad de los votos particulares juntamente con la sentencia, la libertad para que las partes pudieran, en toda clase de Tribunales, informar por sí mismas sin necesidad de valerse de Letrados, la facultad en los juzgadores de pedir consejo a corporaciones, a tratadistas, a profesores o a otros Abogados, sobre dudas de carácter jurídico.

Convenciéndose de que la labor de procurar la justicia es de índole experimental como otra cualquiera, con apoyo en la realidad y matices científicos, acabarían por tener los juristas el espíritu análogo al de los biólogos o los químicos. El estrado sería un laboratorio, como ya lo es el bufete, y cuanto se perdiera en empaque se ganaría en efusión. Lo que somos los Abogados en los tratos para transigir, ¿por qué no habían de serlo los Magistrados a toda hora y en colaboración con aquéllos?

Los pleitos se fallarían con más acierto y las almas ganarían en desembarazo y en limpieza.

CONCEPTOS ARCAICOS

Todavía cunde y es invocado el viejo aforismo judicial "lo que no está en los autos no está en el mundo". A su amparo se ahorran muchos juristas la funesta manía de pensar. ¡Cosa más cómoda! ¿No está en el folio tal ni en el folio cual? ¡Pues no existe!

Se comprendía tan brutal encadenamiento del juicio cuando los contratos tenían fórmulas sacramentales y era tasada la prueba. Hoy, con el juicio de conciencia y la plena libertad contractual, es un absurdo. Porque la verdad es que en el mundo están las cosas aunque no se encuentren en los autos; y las realidades mundanas pesan más y tienen más importancia que la resultancia del diligenciado.

Casi estoy por decir que no hay pleito que se falle estrictamente por lo que en él aparezca y digan las leyes. Viene de fuera una presión social incontrastable que, aun sin notarlo el juez, gravita sobre su ánimo e influye en su resolución en un pleito conyugal, la esposa logra aportar pruebas favorables a su conducta; pero si el juez sabe, por ser de fama pública, que vive en el libertinaje, este dato guiará la conducta judicial. Un mismo hecho y unas mismas pruebas darán un resultado en un ambiente social, y otro absolutamente contrario en ambiente distinto. El interés lícito del dinero se aprecia fuera del pleito tanto como dentro de él. Mas ¿a qué fatigarse buscando ejemplos? Hay uno muy elocuente que se presenta a diario. ¿No dice el Enjuiciamiento civil que durante el pleito de divorcio los hijos menores de tres años quedarán con la madre y los mayores con el padre? Pues a diario burlan los jueces la regla. Y hacen bien. Cumplirla al pie de la letra es, en muchas ocasiones, criminal: y si los jueces no han de hacerse cómplices de corrupciones o abandonos, deben proveer al cuidado de los niños como mejor conduzca a su defensa, digan lo que digan Códigos y autos.

¿Y no se ve también en ocasiones que la palabra de honor dada al informar por un Letrado respetable sobre un hecho que no consta en parte alguna, influye considerablemente en el espíritu del Tribunal?

Hay en todas las relaciones humanas una serie infinita de matices, gamas, sinuosidades, acentuaciones y modalidades que escapan a la prueba y, no obstante, se presentan firmes, vigorosas, ante los ojos del juzgador. ¿Será posible desdeñarlas porque no cupieron en un casillero probatorio? La ley se ha asustado de tan probable yerro, y al estatuir la apreciación de las pruebas de conciencia ha abierto en los folios un enorme portillo para que en ellos entre a bocanadas el aire exterior.

Igual sucede en muchos otros aspectos de la contienda judicial. ¿Cuántas veces prosperará, ni siquiera se alegará, el defecto legal en el modo de proponer la demanda? ¿A dónde fue a parar la invocación de la acción ejercitada, que antaño se tenía como cosa inexcusable y principalísima? Los informes forenses son a veces arengas, a veces narraciones, a veces meros índices y ya casi nunca tienen aquella clásica pompa que los llenaba de enfática solemnidad... y de pesadez.

No hace mucho tiempo que un compañero —y de gran fuste— contrario mío en un pleito complejo, me reprochaba adustamente, al contestar la demanda, porque yo había dividido ésta en capítulos y dentro de cada uno había agrupado los respectivos hechos y fundamentos. Con la seriedad más aparatosa me decía que el Juzgado no habría debido admitírmela, porque era grande atrevimiento redactarla así...

Ahora me acuerdo de aquel artículo de la ley de lo contencioso que manda cruelmente intercalar las alegaciones entre los hechos y los fundamentos legales, es decir, precisamente donde más estorban, porque rompen la ilación y la armonía del discurso.

Cada día cae por tierra uno de esos formulismos hueros que embarazan, complican y presentan como rito misterioso lo que en definitiva no debe ser otra cosa que diálogo entre gentes con sentido común. Y es lástima que todavía queden algunos en pie, como la cita del número y artículo que autoriza el recurso, defendida por el Tribunal Supremo con tenacidad digna de mejor causa.

Muestran los pueblos su progreso y su depuración por el dominio de lo sustantivo sobre lo formal y es cosa triste ver a gentes cultas y buenas aferradas a mantener esto sobre aquello.

Recuerdo a este propósito un episodio lamentable en que me tocó ser precursor de una reforma legislativa... y sufrir un descalabro. Un militar destinado a una de nuestras plazas fuertes en África había otorgado testamento ológrafo, y, no encontrado papel sellado, por las circunstancias de la localidad, consignó su última voluntad en un pliego timbrado con el membrete de la correspondencia en que servía. Fue declarado nulo el testamento por falta de aquel requisito. Viene en recurso de casación sosteniendo que la aludida traba, meramente externa y claramente falta de sentido, debía preterirse ante lo sagrado de un testamento cuya autenticidad nadie ponía en duda; aduje que, en sentido amplio, sellado era el papel en que el documento aparecía extendido; procuré demostrar lo inconsistente del texto legal, ya que la índole del papel nada quitaba ni ponía para identificar la verdad del testamento; busqué salida alegando que el requisito podría ser exigible si el testamento ofreciera dudas, pero no cuando era reconocido explícitamente como cierto... Todo fue inútil. Perdí el recurso como si hubiera defendido la herejía más desaforada.

¡Y poco tiempo después era reformado el artículo del Código civil y se suprimía, por baladí, el requisito del papel sellado!

Ante casos tan flagrantes de injusticia perpetrados en aras de ritualismos necios, debieran todos los Magistrados pensar que ellos no son solamente los ciegos ejecutores de las leyes; sino también sus intérpretes flexibles y discretos; más aún, los inspiradores de su evolución; y los Letrados, por nuestra parte, debiéramos contemplar como uno de nuestros más honrosos menesteres el de que el espíritu recabara su ascendiente sobre la forma y se acercase a ser la única fuente de inspiración en la vida jurídica y el rector insuperable de las relaciones humanas.

Por el tradicional empeño de guardar lo aparatoso aunque pereciesen las realidades, es decir, por reverenciar los cánones sin contenido, pudo decir Baltasar Gracián que "en Salamanca, no tanto se trata de hacer personas cuanto Letrados".

EL ARTE Y LA ABOGACÍA

El insigne Ángel Ganivet —cuyo horror al Foro lo llevó a afirmar que "pediría limosna antes que ejercer la Abogacía ni nada que se roce con ella"— dice en una de sus cartas a Navarro Ledesma que el Abogado, por el hecho de serlo, es una bestia nociva para el Arte.

Que hay Abogados bestias nocivas para el Arte y para muchas otras cosas, es indiscutible; como también que hay artistas nocivos para el sentido común. Pero que el Abogado tiene tan lamentable distintivo por el hecho de serlo, ¿en qué se funda?

En la naturaleza de la función no será. Podrán creerlo quienes entienden que la Abogacía está limitada a regir intereses y actúa solamente con los textos legales; pero la verdad no es ésa. La Abogacía, más que intereses rige pasiones, y aun podría totalizarse la regla haciéndola absoluta porque detrás de cada interés hay también una pasión; y sus armas se hallan mejor acomodadas en el arsenal de la psicología que en el de los Códigos. El amor, el odio, los celos, la avaricia, la quimera, el desenfreno, el ansia de autoridad, la flaqueza, la preocupación o el desenfado, la resignación o la protesta, la variedad infinita de los caracteres, el alma humana, en fin, es lo que el Abogado trae y lleva. No ya en los pleitos familiares, donde casi todo es apasionado, sino hasta en una simple ejecución, hay un problema moral con alcance social y matices espirituales. De suerte que la índole de la profesión invita, más que la del ingeniero, el comerciante o el catedrático, a la contemplación del fenómeno artístico. Y aun en relación con los literatos conviene establecer la distinción de que éstos casi siempre pintan los estados anímicos que su imaginación les sugiere, en tanto que nosotros manipulamos en almas vivas. Por este lado se llega a la afirmación opuesta al teorema que comento: no es cabal Abogado quien no tiene una delicada percepción artística.

¿Provendrá la antítesis de las herramientas de nuestro oficio? Eso sí que no habrá quien lo sostenga, porque mientras otros tienen como elementos de expresión la aritmética, la química o el dibujo lineal, nosotros usamos la palabra escrita y hablada, es decir, la más noble, la más elevada y artística manifestación del pensamiento. Y no la palabra escueta y árida que basta para explicar botánica o planear una industria eléctrica, sino la palabra cálida, diáfana, persuasiva, emotiva que ha de determinar la convicción, mover a la piedad, deponer el enojo o incitar a la concordia: la palabra con arte. Si el abogado no es orador y escritor, no es tal abogado.

¿Serán los hechos el arranque de aquella rotunda afirmación del pensador granadino? Tampoco. No escasean los juristas aficionados a las Bellas Artes en las que se distinguieron o brillaron.

Sin detenerme siquiera en Meléndez Valdés o en el Magistrado Juan Pablo Corner, ni inventariar los excelentes cultivadores de las letras que tuvo el Foro en el siglo pasado, ¿cómo es posible olvidar, entre nuestros coetáneos, los múltiples ejemplos que abonan mi creencia? Arte, y arte exquisito, fue el de D. Francisco Silvela, quien, sólo con su prólogo a las cartas de la monja de Agreda, estaría bien colocado en las cumbres del pensar hondo y del bien decir. No fuera justo, al hablar de Silvela, olvidar los intencionados y elegantes ensayos literarios en que su hermano D. Manuel hizo famoso el anagrama Velisla. Arte eran la facundia pasmosa, la imaginación arrebatada y el inspirado verbo de Canalejas. Artista inmenso era Maura, fragua en el pensamiento, cincel en la dicción, y cultivador afortunado de otras manifestaciones artísticas que no contribuirán a elevar su fama, pero sí a acreditar sus calidades. Artista era Carvajal, orador, escritor, poeta y políglota. Del Foro, donde vivió largos años, viene Rodríguez Marín, el gran literato a quien bastaría para la inmortalidad el soneto Agua quisiera ser... Abogado en ejercicio era Feliú y Codina, el ilustre autor de La Dolores. A la poesía han consagrado estimabilísimos trabajos el Magistrado Ortega Morejón y el Abogado vallisoletano Medina-Bocos —modelo de espontaneidad y sensibilidad bien emparentado literariamente con Núñez de Arce y Gabriel y Galán—. No se podrá negar grandeza artística a la oratoria de D. Nicolás Salmerón, Abogado toda su vida, ni apasionada elevación a la de D. Melquíades Álvarez, Abogado igualmente. La dramática, la lírica y la crítica artística cultivó con fortuna en sus años mozos el inolvidable Díaz Cobeña. Al teatro ha mostrado también su afición Díaz Valero, y a la poesía y la novela Alberto Valero Martín.

¿Se dirá que no son muchos? ¿Se regatearán los merecimientos estéticos de unos u otros? Ése ya es otro cantar, y sobre gustos no hay nada escrito. Lo que me importa es dejar probado que no hay tal antagonismo entre el Arte y la Abogacía.

Y, a pesar de todo, la flagelación no está exenta del fundamento. Se encuentra éste —digámoslo claro— en la enorme incultura que caracteriza a la mayor parte de los Letrados. El Letrado español apenas lee. Por regla general, muchos y muy eminentes de entre ellos estudian menos que cualquier médico rural salido de las aulas durante los últimos veinte años.

Da grima ver la mayor parte de sus bibliotecas. Digo mal. Lo que da grima es ver su absoluta carencia de biblioteca. Muchos se valen sólo del Alcubilla. No pocos, faltos de este diccionario, se bandean con los manuales de Medina y Marañón. Contar con Manresa y Mucius no es habitual; y alcanzar una cifra siquiera de quinientos volúmenes, es caso rarísimo. Movimiento científico moderno, revistas jurídicas extranjeras, libros de historia, de política o de sociología, novelas, versos, comedias... ¡Dios lo dé! Y, es claro, al no leer viene el atasco intelectual, la atrofia del gusto, la rutina para discurrir y escribir, los tópicos, los envilecimientos del lenguaje... Efectivamente, cuando se llega a ese abandono, apenas hay diferencia entre un Abogado y un picapedrero; y la poca que hay es a favor del picapedrero.

Se argüirá: "leer es caro y no todos los abogados ganan bastante para permitírselo". Lo niego. Es inasequible para los bolsillos modestos formar una biblioteca; a nadie se le puede exigir tenerla, pero es fácil para todo el mundo reputar los libros como artículo de primera necesidad y dedicar a su adquisición un cinco o un cuatro o un tres por ciento de lo que se gane, aunque para ello sea preciso privarse de otras cosas. Más costoso es para los médicos crear, entretener y reponer el arsenal mínimo de aparatos que la ciencia exige hoy para el reconocimiento y para la intervención quirúrgica, así como los elementos de higiene, desinfección, asepsia, etc.; y a ningún médico le faltan ni se lo toleraría el público.

Y si el Abogado no puede alcanzar ni aun ese límite mínimo, que no ejerza. La Abogacía es profesión de señores y, a la manera que el derecho de sufragio, debe estar vedada a los mendigos. No se eche esto en la cuenta de un orgullo mortificante, sino a la de una rudimentaria dignidad. ¿Qué diríamos de un médico que no tuviese fonendoscopio para auscultar, ni espéculo para mirar la nariz y el oído, ni un depresor para la lengua, ni un bisturí, ni una lanceta, ni una lamparilla de alcohol, ni jofaina y jabón para lavarse las manos? Pues apliquemos la alusión al Abogado y tratémosle de igual manera.

Es tan cómoda cuanto disolvente la exculpación cotidiana de la miseria togada: "Como no tengo dinero, no puedo ilustrarme". "Como no tengo dinero, no puedo pagar la contribución, y he de defraudarla o defender la cuota a puñetazos". "Como no tengo dinero, no puedo sostener casi mi despacho y he de pasar la consulta en un café". "Como no tengo dinero, no puedo detenerme a elegir asuntos y he de defender todos los que me traigan, dando así de comer a mis hijos... aunque deje sin comer a los hijos de los demás". Consideradas las cosas con tan holgado juicio, el título de Licenciado en Derecho se convierte en una patente de corso. Todas las profesiones requieren un mínimo de independencia económica, y quien no la alcanza no puede practicarlas. No hay carpintero sin banco, ni zapatero sin lezna, ni relojero sin lente, ni militar sin uniforme, ni sacerdote sin sotana; la excepción son los Abogados, que reputan muy natural serlo sin toga y sin libros.

Hay que reaccionar contra esos conceptos, que son más bien hijos de la barbarie y la pereza que de la necesidad. Se discurre y se vive así porque es lo más cómodo.

El Abogado debe tener inexcusablemente:

a) Una revista jurídica española y otra extranjera.

b) Una mitad —según las aficiones— de todos cuantos libros jurídicos se publiquen en España. Y lo digo así, en cantidad, casi al peso, porque desgraciadamente, en este orden puede asegurarse que no producimos casi nada. Sin hipérbole cabe asegurar que todas las publicaciones jurídicas españolas no cuestan cien pesetas al año. Recomendando un dispendio de cincuenta, no me pongo fuera de lo racional.

c) Unos cuantos libros —pongamos otras cincuenta pesetas anuales— de novela, versos, historia, crónica, crítica, sociología y política.

¿Novela? ¿Versos? Sí. Novela y versos. Ésa es la gimnástica del sentimiento y del lenguaje. Se puede vivir sin mover los brazos ni las piernas, pero a los pocos años de tan singular sistema los músculos estarán atrofiados y el hombre será un guiñapo. Pues lo mismo ocurre en el orden mental. La falta de lectura que excite la imaginación, amplíe el horizonte ideal y mantenga viva la renovada flexibilidad del lenguaje, acaba por dejar al Abogado muerto en sus partes más nobles, y lo reduce a una ley de Enjuiciamiento con figura humana, a un curialote con título académico.

Me permito advertir que también existen bibliotecas públicas; pero no insisto en el concepto para no verme en la aflictiva necesidad de demostrar que nosotros contribuimos en muy escasa proporción al contingente de lectores.

En fin, hay que estudiar, hay que leer, hay que apreciar el pensamiento ajeno, que es tanto como amar la vida, ya que la discurrimos e iluminamos entre todos; hay que hacerlo o resignarnos con el insulto de Ganivet.

LA CLASE

Es una positiva manifestación de la ferocidad humana, el odio entre artistas. Esos seres escogidos que viven, según ellos mismos aseguran, en "las regiones purísimas del ideal", se muerden, se desuellan, se despedazan y se trituran de manera encarnizada y constante. Literatos, cómicos, músicos, pintores y escultores, no gozan tanto con el triunfo propio como con el descrédito ajeno. Sobre si una proposición estuvo bien empleada o un verso tiene reminiscencias de plagio, los escritores se acometen furiosos y ocupan columnas y columnas de los periódicos con polémicas inacabables, comos si su crítica debiera detener la marcha del mundo. Cada Exposición de Bellas Artes es un repugnante tejido de intrigas y difamaciones. Y no hablemos de los bastidores del teatro, en los que diariamente se agotan con amplitud varios títulos del Código penal.

En grado menor, pero también con vigoroso empuje, los hombres de ciencia se detestan y menosprecian. Alrededor de cada tesis química, terapéutica o matemática se urden ataques enconados contra los que defienden la contraria. Quien frecuente una tertulia de médicos no me dejará mentir.

Los Abogados tenemos la distintiva contraria. Por lo mismo que nuestra misión es contender, cuando cesamos en ella buscamos la paz y el olvido. No hay campañas de grupo contra grupo, ni ataque en la prensa, ni siquiera pandillas profesionales. Al terminar la vista o poner punto a la conferencia, nos despedimos cortésmente y no nos volvemos a ocupar el uno del otro. Apenas si de vez en cuando nos dedicamos un comentario mordaz o irónico. Nuestro estado de alma es la indiferencia; nuestra conducta, un desdén elegante.

Hay una costumbre que acredita la delicadeza de nuestra educación. Después de sentenciado un pleito y por muy acre que haya sido la controversia, jamás el victorioso recuerda su triunfo al derrotado. Nadie cae en la fácil y grosera tentación de decir al contrario: "¿Ve usted cómo tenía yo razón?". Es el vencido quien suele suscitar el tema felicitando a su adversario —incluso públicamente— y ponderando sus cualidades de talento, elocuencia y sugestión, a las que, y no a la justicia de su causa, atribuye el éxito logrado.

Convengamos en que esto no lo hacen los demás profesionales, y en que constituye un refinamiento propio de los que somos y no siempre recordamos: una de las más altas aristocracias sociales.

Siendo plausible el fenómeno, no lo es su causa que, si bien se mira, radica, simplemente, en la exaltación de un individualismo salvaje. Claro que nuestro oficio es de suyo propenso al individualismo, porque consiste en procurar que prevalezca nuestra opinión frente a las demás, y esto nos lleva a encastillarnos en nuestro raciocinio, huyendo de las influencias externas o desdeñándolas; pero, agigantando esa condición, hemos llegado a vivir en incomunicación absoluta. No nos odiamos porque ni siquiera nos conocemos.

Dos daños se desprenden de ese aislamiento: uno científico y otro afectivo. En aquel orden, resulta que nos vemos privados de las enseñanzas insuperables de la clínica, pues no conocemos más casos que los de nuestro despacho propio y los que nos muestra, con molde soporífero, la jurisprudencia del Tribunal Supremo. Pero toda aquella enorme gama de problemas que la vida brinda y no llegan al recurso de casación, todo aquel provechosísimo aprendizaje que nace con el intercambio de ideas, toda aquella saludable disciplina que templa la intransigencia y el amor propio forzando a oír el discurso de los demás, para nosotros no existen. La Universidad es —en mala hora lo digamos— una cosa fría, muerta, totalmente incomunicada con la realidad. Las Academias de Jurisprudencia no pasan de una modesta especulación teórica, en la que, por otra parte, tampoco suelen intervenir los expertos, cual si la ciencia fuese juguete propio de la muchachería. Y como los Colegios de Abogados no se cuidan de establecer entre sus individuos ningún orden de relaciones (salvo alguna feliz iniciativa aislada), resulta, en fin de cuentas, que el Abogado no estudia nunca fuera de sí, ni contempla más cuestiones que las que pasan por su mano. En esto tenemos mucho que aprender de los médicos. Por sabios, por viejos y por ricos que sean, se mantienen siempre en vía de aprendizaje.

El daño afectivo no es menor. Perdida la solidaridad profesional, nadie conoce la desgracia del compañero y cada cual devora sus propios dolores sin hallar el consuelo que tan llanamente se prestan los jornaleros de un mismo oficio. Nuestras relaciones particulares están siempre en ambiente distinto del forense, y así, ni en el bien ni en el mal tropezamos con aquellos contactos cordiales que son indispensables para soportar sin pena la cadena del trabajo. No hay tampoco fiestas colectivas, ni conmemoraciones de hombres o días gloriosos, ni alientos para los principiantes, ni auxilio para la tarea en momento de agobio o de duelo... Lo cual es sequedad de corazón y atraso cultural; porque hoy ya nadie vive así. En lo económico, el espíritu de lucro aparece sustituido por la previsión mutualista; en lo político, las filas cerradas de los viejos partidos dogmatizantes han sido contrarrestadas por el interés de las regiones y por el sentido de las clases. Empeñándonos los juristas en conservar una mentalidad y una táctica meramente individualista (y adviértase que subrayo el adverbio porque el individualismo sin hipérbole no sólo no me parece condenable, sino porque lo tengo por la más robusta de las energías colectivas) marchamos con un siglo de retraso en las fórmulas de la civilización.

¡El sentido de clase! En su embriaguez por el pensamiento rousseauniano y la enciclopedia y la revolución, acordó el siglo XIX suprimirlo como cachivache estrafalario y remoto. Mas no paró aquí el mal, porque en suplantación de aquel gran motor extinguido brotó su repulsiva caricatura: el espíritu de cuerpo. Y así ha surgido una mentalidad de covachuela, de escalafón, de emolumentos y mercedes, de ideologías mínimas y de intransigencias máximas.

Uno y otro concepto son antitéticos. El "cuerpo" es la defensa de la conveniencia de unos cuantos frente a la general. La "clase" es el alto deber que a cada grupo social incumbe para su propia decantación y para servir abnegadamente a los demás.

Hay clases, o, mejor dicho, debe haberlas, y es lamentable que caigan en olvido. No en el sentido que las conciben algunos aristócratas, suponiendo que a ellos les corresponde una superioridad sobre el resto de los mortales. Las clases no implican desnivel personal sino diferenciación en el cumplimiento de los deberes sociales. Un duque no es más que un zapatero, pero es cosa distinta. A la hora de hacer zapatos, a éste le corresponde el puesto preferente; pero a la del sacrificio y la generosidad, debe aquél reclamar la primacía.

Porque desertó de su puesto la aristocracia como clase, porque olvidó su deber el clero como clase, porque, en suma, las llamadas clases directoras no dirigieron nada y se contentaron con saciar su apetito de riqueza y de placer, se produjo la injusticia social que ahora tratan de borrar los preteridos, con sanguinaria violencia. Los prestigios del nacimiento, las holguras de la fortuna, las preeminencias de los diplomas académicos, ¡todo ha sido utilizado para provecho del beneficiario, sin atención ni desprendimiento alguno para los menos venturosos, sin contemplación directa ni indirecta de la armonía colectiva!

Si los Abogados procediéramos como clase, habríamos intervenido en la evolución del sentido de la propiedad que está realizándose a nuestros ojos, que corresponde a nuestro acervo intelectual y de la que no hacemos el menor caso: habríamos mediado en las terribles luchas del industrialismo, con la inmensa autoridad de quien no es parte interesada en la contienda; habríamos atajado los casos de corrupción judicial, constituyendo una milicia actuante contra la intromisión caciquil, cortesana y aldeana; habríamos impedido que en el pueblo se volatilizara el sentimiento de la justicia, y habríamos operado sobre nuestro propio cuerpo, evitando los casos de miseria y asfixiando los de ignominia.

Lo más triste de todo es que no nos falta aptitud ni el mundo deja de reconocérnosla. La legislación social novísima ha encontrado en los Tribunales aplicación amplia y recta. Todos los días apedrean las turbas un Gobierno civil o una Alcaldía por que la Administración no acierta a hacer cumplir una ordenanza modesta; pero no se ha dado el caso de que apedreen un Juzgado ni una Audiencia por haberse trasgredido en ellas una legislación tan hondamente revolucionaria como la de accidentes de trabajo. Los Tribunales industriales funcionan desde el primer día irreprochablemente por lo que toca a los togados. Cuando el Congreso quiso acabar con el oprobio de la depuración de las actas, no supo volver los ojos a otro lado más que al Tribunal Supremo, que no fracasa por inmoral ni torpe, sino por irresoluto y débil. Para adecentar los organismos electorales se buscó a las Audiencias, a los Juzgados, a los Decanos de los Colegios de Abogados. Y así en lo demás. Estos Decanos todavía son una fuerza a la que se acude para todo, desde los grandes patronatos benéficos hasta la Junta de Urbanización y Obras.

¿Es que no nos enteramos de esa tradición y de ese voto de confianza? ¿Es que los menospreciamos? ¿Es que no adivinamos la inmensa responsabilidad que contraemos con esa deserción? ¿De verdad habrá quien crea, a estas alturas, que un Abogado no tiene que hacer más que defender pleitos y cobrar minutas?

De poco tiempo a esta parte alborea tímidamente una aspiración rectificadora.

Dios quiera que acertemos a seguir tal derrotero. No basta que cada Abogado sea bueno; es preciso que, juntos, todos los Abogados seamos algo.

CÓMO SE HACE UN DESPACHO

Claro que la condición inexcusable para triunfar en una profesión es saber ejercerla. Un tonto puede prevalecer en lo que depende de la merced, mas no en lo que radica en el crédito público. Las gentes, cuando se trata de cosas que a ellas personalmente atañen, como la fortuna, la salud o la honra, no se entregan sino a quien, por su valer personal, les ofrece garantías de acierto.

Mas sería remilgo desleal sostener que la sabiduría y el estudio lo pueden todo. Precisamente por que es la opinión de quien ha de otorgar la confianza, se hace indispensable implantar una relación entre la juzgadora y lo juzgado. No niego que el buen paño se venda en el arca, mas es menester que el comprador esté enterado de que existe arca y de que hay paño dentro de ella.

Y ésta es una de las primeras crisis que atraviesa el Licenciado novel; crisis tan delicada, que en ella puede quebrantarse para siempre la delicadeza y aun la dignidad. ¡Es ardua cosa ir a la conquista de la fama luchando entre cien mil, sin más armamento que las aptitudes de que se esté adornado y cuando se acaba de pasar el alegre lindero de los veinte años! En esa rudísima prueba caen muchos caracteres y se forjan algunas adaptaciones indecorosas, que luego llevan al Foro el oprobio y el escándalo.

Consideremos en breves renglones los medios que un Letrado tiene para darse a conocer.

A. La Asociación. Se intenta en España imitar la costumbre extranjera de trabajar en colaboración, estableciéndose bajo una razón social dos o más compañeros o creando entre varios un consultorio.

Repruebo sin vacilar ese procedimiento por esencialmente incompatible con nuestra profesión; apenas habrá alguna en que puedan convivir dos caracteres, dos voluntades, dos iniciativas; pero la dificultad se hace insuperable cuando se trata de ocupaciones en que la inteligencia y la conciencia lo son todo. ¿Cómo será posible dividir en partes alícuotas la estimación de un problema y el modo de tratarlo y la responsabilidad del plan adoptado? Dudo que esto pueda ser con otros hombres; pero entre españoles lo doy por imposible. Y si no se comparte el trabajo, sino que cada cual realiza el suyo, con independencia de sus colegas, ¿no constituirá un engaño la agrupación de nombres? ¿A qué conduce ofrecer los títulos y merecimientos de varios, cuando, en definitiva, ha de ser uno solo quien preste el servicio?

Lo que han sido y son los consultorios en España, me excusa palabras de condenación: más que una salida, constituyen un despeñadero profesional. Huyendo de censuras que resultarían demasiado acerbas y elevando el razonamiento, diré que los oficios que operan sobre el espíritu humano son típicamente individuales y deben ser ejercidos con exclusiva libertad y con sanciones exclusivas. Dos personas pueden, anónimamente, dirigir la confección de una pieza de tela, pero no pueden iluminar un alma conturbada o marcar rumbo a un negocio enrevesado.

B. El anuncio. Aunque algunos lo admiten, afortunadamente la mayoría lo considera como una degradación. Es lícito decir "yo vendo buen café"; pero es grosero anunciar "yo tengo honradez y talento". Sólo con atreverse a decir esto, se está demostrando la carencia de prendas más delicadas e indispensables en la psicología forense.

Admitido el anuncio, ya no hay freno para las sucias artes de la captación. Porque decir "Fulano de Tal, Abogado", y añadir las señas, no es decir nada. Abogados hay muchos, y el nombre por sí solo no descubre ninguna calidad. Uno se limitó a eso, y enseguida otro puso un letrero en su balcón; y otro añadió que era especialista en testamentarías; y otro explicó que no cobraría si no ganaba el pleito; y otro repartió por las calles bonos valederos para una consulta gratuita...

¿A qué seguir? Esa escala, que no fue creada por la maldad, sino por la pobreza, no tiene fin. Siguiéndola, se entronizará el pacto de cuota litis, se concertarán servicios a precios convencionales, se darán cupones al cobrar la minuta, se establecerán bufetes con regalos...

Por lo mismo que no quiero zaherir, sino despertar a quienes usan de tales medios, me permito llamarles la atención sobre el daño que a la colectividad hacen y sobre la circunstancia —que su propio egoísmo debiera señalarles— de no haberse conocido ningún bufete importante creado por el procedimiento del anuncio.

C. La exhibición. Aunque duela un poquillo la palabra, hay que usarla en su acepción noble, para venir a parar en que ése es el único medio lícito de darse a conocer. Porque, en efecto, si lo que en nosotros se busca es el modo de sentir, de pensar y de producirnos, nadie negará que debemos aprovechar las ocasiones de poner de manifiesto lo que llevamos dentro y lo que somos capaces de hacer. Ello sin contar con que los modernos procedimientos judiciales, juntamente con su mayor eficacia, propenden a la teatralidad. Ya en 1871 decía Edmond Rousse: "Para los curiosos la Justicia vino a ser un espectáculo como todos los demás, del cual se ansiaba conocer, no sólo la escena y los personajes, sino hasta el foso, los bastidores y la maquinaria. Los abogados nos vimos convertidos en artistas, y nuestra vanidad ganó tanto como perdió nuestro orgullo".

Lo malo es que esto de la exhibición tiene consuetudinariamente una interpretación pecaminosa: la de suponer que la política es la única exhibición provechosa, por donde se llega a la punible confusión entre la política y la abogacía y a la prosperidad de esos conceptos bárbaros —varias veces execrados en este libro— de que hay que seguir la carrera política y de que la política es indispensable para hacer bufete. Por lo mismo que yo pertenezco a una generación envenenada con esos conceptos y he actuado en política desde mi juventud, quisiera que no perdurase en los que me siguen un concepto erróneo que deprime al Foro. Valga en mi descargo —y no lo digo por jactancia, sino en disculpa— que he procurado cuidadosamente toda mi vida no confundir ambas cosas y que siempre he puesto al Foro sobre la Política. Este libro es una nueva afirmación de mi fe.

La exhibición a que aludo es aquella otra estrictamente profesional y que por nadie puede ser tachada. Permanecer largo tiempo como pasante en un estudio, intervenir en las discusiones de Academias y Ateneos, escribir en periódicos profesionales, colaborar en obras sociales, dar a luz folletos y monografías, ejercer la defensa de los pobres, desempeñar cargos judiciales de los que no exigen pertenecer a la carrera, etc. Todas estas actividades establecen un buen número de relaciones y permiten al público entendido y al profano irse dando cuenta de las disposiciones del jurista novel. Pensemos en los medios correctos de que suelen valerse los médicos, los ingenieros y los arquitectos para procurarse publicidad, e imitémoslos.

Queda por tratar si entre esos medios lícitos se contará con uno muy frecuente de algunos años a esta parte: el de escribir en la prensa diaria y en las revistas judiciales. Sobre esta materia tan quebradiza y tan controvertida se me ocurre una distinción bastante humana. Mientras un Letrado está en su primera juventud y se limita a dar noticias, no creo que pueda criticarse esa manera de ampliar el círculo de sus relaciones. Lo que no encuentro admisible es perseverar años y años en la misión y disponer de un órgano de prensa para favorecer el pleito propio y deprimir a los compañeros que amparan a la parte contraria, o mantener viva sobre el Tribunal la indirecta coacción de una crítica apasionada.

Dígase en honor de los revisteros judiciales que, por regla general, no suelen abusar de la función, ni creo que haya caso en que el reporterismo haya generado despachos considerables. Es más: la propensión de los noticieros no suele ser la de rebajar a nadie en provecho propio, sino la de elogiar sin tasa ni medida.

De todos modos, la perseverancia en simultanear ambas funciones produce tan mal efecto como la alegre facilidad con que algunos revisteros teatrales traducen o escriben obras dramáticas, erigiéndose en censores al mismo tiempo que aspiran a ser censurados.

D. ¿Merecerá la pena hablar de los compañeros que se han dado a conocer como Letrados después de haber sido Ministros y sólo por haberlo sido?

Creo que no. Son casos aislados y no constituyen sistemas. Cuando, por ventura, resulta que el político sirve para el Abogado, todos debemos alegrarnos de su advenimiento a la Toga, puesto que la honra con su saber. Y si no sirve, tampoco implica un vicio ni un peligro, porque el mundo conoce rápidamente la burda trama y suele reírse de los ingrávidos que se empeñan en aparentar un gran peso específico.

ESPECIALISTAS

Sin desconocer las excelencias de la división del trabajo, soy —más por intuición que por examen— enemigo de aquellas civilizaciones donde cada hombre dedica su actividad íntegra a realizar una minúscula función en la que, naturalmente, llega a ser insuperable, pero de la cual no se emancipa jamás. El más noble conato humano es la elevación, la generalización, el dominio del horizonte. Cierto que no todos los hombres son aptos para las concepciones amplias; pero cierto también que quien entrega su vida a pulir una bola o a afinar un tornillo, tiene más semejanza con la máquina que con el hombre.

El mocete dedicado a esas operaciones debe aspirar a ser tallista, tornero o ajustador; es decir, a pasar de lo simple a lo complejo, de la parte al todo. Si lo logra, se ennoblece; si es siempre esclavo de la misma tarea, se degrada.

Con más motivo me aferro a mi prejuicio en lo tocante a profesiones científicas. No me extraña que, siendo tan vasto el campo de la Patología, se ocupe un médico sólo del riñón y otro de la vista, y otro del corazón y otro de los nervios; pero me parece que esos especialistas más tienen de artífices que de médicos; porque como no es posible desligar los extravíos juveniles de las dolencias que retoñan en la madurez, ni separar los sufrimientos morales de las alteraciones circulatorias, ni desconectar absolutamente el dolor de cabeza del dolor en los pies, el médico, el verdadero médico, es el que conoce íntegramente a su cliente, en cuerpo y alma, en el aparato digestivo y en el respiratorio, en la locomoción y en el sistema nervioso, relacionándolo todo, examinándolo y tratándolo como un conjunto armónico, y siguiendo la pauta de la Naturaleza, que no hizo del hombre un Museo con vitrinas aisladas, sino una maquinaria donde no hay pieza sin engranaje.

Lo menos malo que el espacialismo puede producir es una polarización del entendimiento. Entremos en una Universidad; para cada profesor, su asignatura es la fundamental de la carrera. Vayamos a un Ministerio; para cada jefe, su negociado es el más trascendental. Oigamos a los criados de una casa: su servicio es el más penoso y definitivo. Y el bien que realizan los especializados siendo en extremo agudos para la labor propia, es mucho menor que el daño que causan haciéndose obtusos para la función ajena.

En la Abogacía, la especialización toca los límites del absurdo. Nuestro campo de acción es el alma, y ésta no tiene casilleros. ¿Se concibe un confesor para la lujuria, otro para la avaricia y otro para la gula? ¡Pues igual en nuestro caso!

¿Qué quiere decir criminalista? ¿Hombre a quien no alcanza la vida más que para estudiar las aplicaciones prácticas del Derecho penal? El solo enunciado mueve a risa, porque ni siquiera se puede tomar como ciencia lo que es un mero elemento de defensa social, más suave o más tiránico, no según lo explique tal o cual dogma, sino según apriete poco o mucho la necesidad. ¿Será el hombre misericordioso que realiza una obra de piedad hacia los extraviados? Tampoco, porque los merecedores de conmiseración son unas veces los agresores, otras sus víctimas y casi siempre el cuerpo social. ¿Será el que por sistema defiende todos los crímenes como medio de ganarse la vida? No lo quiero creer.

Pues no menor asombro me causan los compañeros que, inclinándose al lado opuesto, se jactan diciendo "yo no he intervenido jamás en una causa criminal" y hasta miran con cierto desdén a quienes lo hacen. ¿Querrán decir que en ninguna causa tiene razón nadie, ni el acusador ni el procesado? Porque si no prohíjan tamaño absurdo, no se concibe qué motivo puede apartarles de intervenir en un proceso y defender a quien corresponda en justicia.

No. En el Foro no debe haber tabiques entre lo civil, lo penal, lo contencioso, lo canónico, lo gubernativo y lo militar. Muy lejos de esto, multitud de problemas ofrecen aspectos varios, y así, por ejemplo, para defender una concesión de aguas hay que batallar en lo contencioso frente a la Administración y en lo civil contra la extralimitación de un usuario, y en lo penal para castigar unos daños o un hurto. E igual en todo. El Abogado que por mercantilista asesora a un Banco, debe saber también perseguir a un dependiente infiel o a un falsificador. El penalista que, convencido de la inocencia de un funcionario público, lo ampara en la Audiencia de lo criminal, debe completar la obra patrocinándolo ante las autoridades gubernativas para los efectos disciplinarios. El que interviene en camorras conyugales ha de actuar en lo civil y en lo canónico.

En muchos delitos contra la propiedad la línea divisoria entre lo civil y lo penal es apenas perceptible. Otros litigios presentan con toda claridad los dos aspectos, y simultáneamente hay que sostener un pleito y una causa, combinando, minuto por minuto, los medios de una y otra defensa. ¿A quién se le ocurre que, precisamente en estos casos, que son los que más requieren unidad de criterio y de mando, se entregue al cliente a una dualidad de juicios y de tácticas que probablemente lo llevarían al fracaso?

Se comprendería la escisión cuando prevaleciera un criterio legalista que presentase cada cuerpo legal como un arca santa donde estaba encerrado el secreto de la verdad. Mas, por fortuna, no es ésta la apreciación corriente. El fenómeno jurídico es uno en su sustancia y constituye un caso de conciencia; que el tratamiento caiga en la terapéutica penal o en la civil, es secundario. El Abogado debe buscarla donde esté y aplicarla donde proceda.

No es indiferente ni inofensivo el proceder mediante especializaciones, porque ellas, aun contra nuestra voluntad, pesan enormemente en el juicio y unilateralizándose nos llevan al error. El civilista nunca creerá llegada la ocasión de entrar en una causa, cuando, a veces, con una simple denuncia se conjuraría el daño o se precipitaría el arreglo; el criminalista todo lo verá por el lado penal y fraguará procesos quiméricos o excusará delitos evidentes.

Ésta y no otra es la razón de que tan pocas veces un buen profesor sea un buen Abogado. El profesor ve un sector de la vida, forma en él su enjuiciamiento... y lo demás se le escapa.

Convenzámonos de que en el Foro, como en las funciones de Gobierno, no hay barreras doctrinales, ni campos acotados, ni limitaciones del estudio.

Para el Abogado no debe haber más que dos clases de asuntos: unos en que hay razón y otros en que no la hay.

LA HIPÉRBOLE

Es frecuentísimo en muchos Abogados el prurito de ponderar la gravedad de los litigios en que intervienen, hasta las más absurdas exaltaciones.

"En nuestra ya larga vida profesional jamás hemos visto un caso de audacia como el de la demanda a que contestamos".

"Seguros estamos, señor juez, de que V. S. impondrá las costas a la parte contraria, porque en su dilatada experiencia no habrá tropezado con un ejemplo de temeridad más insólita ni de más escandalosa mala fe".

"Horror y náuseas sentimos al entrar a tratar un asunto que constituye la vejación más repugnante, el despojo más inicuo, la depredación más intolerable que se registra en los fastos judiciales".

"Si la Sala fallara en mi contra este recurso, no sólo quedaría desconocido el derecho de mi parte, sino herido en sus sentimientos uno de los más firmes sustentos de la sociedad española".

¿Quién no ha leído mil veces frases como éstas o muy semejantes? ¿Quién estará seguro de no haberlas empleado? ¿Y quién no se ha sonreído al advertir luego que esos truculentos anuncios, esas advertencias espeluznantes, venían a cuento de que un sujeto no pagaba a otro un puñado de pesetillas o unos cónyuges habían disputado por un quítame allá esas pajas?

La vida, dentro de su gran complejidad, suele ser de una vulgaridad gris. A veces, efectivamente, brotan la tragedia o el escándalo, y resultan ajustadas las imprecaciones, la indignación, el terror y el llanto. Pero de cada cien casos, noventa y cinco son picardías ínfimas, errores minúsculos, obcecaciones explicables, torpezas, manías, codicias, que caen en lo corriente y moliente. El Letrado que se emperra en ponderar el tema cual si hubiera de producir una conmoción, pierde fuerza moral para ser atendido (como la pierden las mujeres que prodigan al ver un ratón los gritos congruentes con la inminencia del asesinato), y revela, además, que no tiene mucho trabajo ni ha visto muchos negocios, pues de otro modo no exageraría su irritación por cosas que no la merecen. Todavía cabe apuntar el riesgo de que lo tomen por un gran histrión que aplica a todos los asuntos la máxima sonoridad y derrocha el tono mayor, fingiendo indignaciones y apasionamientos que no puede sentir, porque no cabe que todos los papeles de un despacho requieran en justicia las notas agudas.

En las causas criminales basta con decir:

—Mi defendido es inocente.

Pero hay quien tiene la tendencia de idealizar las figuras de todos los homicidas, hampones petardistas, gritando con los ojos desorbitados, el ademán descompuesto y la voz estentórea:

—¡Mi defendido, la rata Pichichi, es un modelo de hombres dignos, yo me honro con su amistad, no vacilo al ponerle al nivel de mis propios hermanos y, si posible fuera, empeñaría mi vida en prenda de su inmaculada honorabilidad!

Este cultivo desatinado de la hipérbole no suele ser sino una manifestación del perverso sentido estético que tanto abunda entre nosotros. Otras, algo más graves, son las de dejarse o hacerse retratar, dando la mano al parricida recientemente absuelto, derrochar la palabrería acumulando calificaciones sobre hechos nimios y repitiendo cien veces los mismos conceptos, desacatar sistemáticamente a todas las autoridades, etc., etc.

El buen gusto suele correr parejas con la dignidad y el pudor. Quien sepa guardar su recato y ocupar su puesto, de fijo no fraternizará con sus clientes en lo criminal ni los divinizará en lo civil.

Signo espiritual de nuestra profesión es tener una comprensión mayor que la común para todas las cosas humanas, y una percepción sutil de todas las grandezas y de todas las miserias.

Defendemos a Fulano porque entendemos que en este pleito lleva razón; pero bien pudiera ocurrir que fuera un pillo. Atacamos a Mengano porque no le asiste la razón en este pleito; pero bien pudiera ocurrir que fuera un santo. De ahí que las generalizaciones, las identificaciones con el cliente, la supervaloración de sus virtudes y la de las faltas de adversario, pueden llevarnos a grandes injusticias para con los demás... y a posturas ridículas para nosotros mismos. Una convicción serena de la tesis que sustentamos, un ardimiento regulado siempre por la ley de la necesidad, un escepticismo amable, una generosidad franca para aceptar que en cada hombre cabe todo lo malo y todo lo bueno, una expresión mesurada, austera, con válvulas para las fuertes vibraciones, pero con propensión más ordinaria a la ironía, son prendas muy adecuadas para que el Abogado no salga de su área ni se confunda con aquellos a quienes ampara.

Antes de abrir los registros estruendosos, mire bien si el caso lo merece o no; y en caso de duda, huya de la hipérbole y aténgase al consejo cervantino:

—Llaneza, muchacho, llaneza...

LA ABOGACÍA Y LA POLÍTICA

Pasa como aforismo que los Abogados han acaparado y acaparan una influencia nefasta sobre la política. A mi entender, ocurre todo lo contrario: la Abogacía no ha trazado rumbo a la política; es la política la que marcó el rumbo de la Abogacía. Quisiera demostrar ambas cosas.

I

Cuando se pretende zaherir a la política española, se dice de ella que está falta de perspectivas, que es minúscula y de leguleyos, que se entrega a polémicas abogaciles y no tiene visión de horizonte; en suma, que carece de elevación porque la hacen Abogados y la miran como un pleito.

El mal es cierto. Ni en lo internacional, ni en los problemas sociales, ni en la mecánica interna tiene nuestra política profundidad, amplitud ni grandeza. El Parlamento es un pugilato de codicias, un alarde de bizantinismo, una exhibición de incompetencia, un comadreo repulsivo. Nada pesan allí los problemas que encienden a la Humanidad, ni las necesidades evidentes, ni las tempestades de la opinión, ni los peligros de la Patria. Como si entre el mundo y el Salón de Sesiones hubiese una muralla infranqueable, mientras allá el Universo sufre terribles convulsiones, aquí unos cuantos señores ventilan querellas ínfimas, niegan al adversario toda justicia, invierten sesiones enteras en debatir tiquis miquis reglamentarios. El sentido de la verdad está ausente, y en eliminarle se distinguen por derecha e izquierda grupos de la más cerril intransigencia dialéctica. Todo es artificio, convencionalismo, laxitud, indiferencia y rebajamiento.

¿Hay en todo esto la influencia de un pensamiento de rábulas? Sí. Pero, ¿le tienen los Abogados? No. ¿Cuándo los Abogados — entiéndase bien, los Abogados— han gobernado a España?

No sería, ciertamente, en los reinados de Carlos I y Felipe II, consumidos por empresas militares; ni en el de Felipe III, a quien secuestra y suplanta el Duque de Lerma; ni en el de Felipe IV, dominado por el Conde-Duque de Olivares y por Haro; ni en el de Carlos II, patrimonio de los Nitard y los Valenzuela, de Don Juan de Austria, de los Medinaceli y Oropesa; ni en el de Felipe V, lleno de las acciones de Portocarrero, Alberoni y Riperdá; ni en el de Fernando VI, donde lucieron el saber y las virtudes de Ensenada y Carvajal; ni en el de Carlos III, en que se destacan Grimaldi, Esquilache y Aranda. Y si hay que hacer aquí la excepción de Floridablanca, no será, de fijo, sino para señalarle entre los más avisados propulsores de la cultura y el progreso de España.

Con Carlos IV no prevalece el togado Jovellanos, sino el mismo atrabiliario Conde de Aranda y el laborioso y mujeriego príncipe de la Paz, salido de un cuartel. Tampoco dirá nadie que las volubilidades de Fernando VII eran obra de sugestiones jurídicas. El turbulento período que sigue a su muerte —Reina Gobernadora, Isabel II, revoluciones e interinidades— está todo él fraguado por las espadas, y es la época de los pronunciamientos y de la hegemonía militar, con León y Concha, Espartero, Narváez y O'Donnell, Dulce, Serrano, Prim... La labor sensata de dar cauce legislativo y hacer fecundas las aguas arrolladoras quedó confiada a dos hombres de toga: Montero Ríos y Alonso Martínez. Descartado el relámpago de la República, queda la Monarquía restaurada a merced de dos hombres que pudieron quizás reconstituir a España y prefirieron adormecerla: Sagasti, ingeniero, y Cánovas del Castillo, pensador, orador, historiador, poeta, humorista, hasta Licenciado en Derecho, pero no Abogado.

Llegamos a nuestro tiempo, que es, evidentemente, de decadencia y postración en lo político, aunque de prosperidad en otros aspectos. Gobiernan profesionales de varios órdenes: militares, ingenieros, médicos, periodistas y Abogados, mas no éstos exclusivamente, ni siquiera con predominio. Si algún espíritu prevaleció en la política fue el inconsistente, superficial, acomodaticio y vacilante de los periodistas; y si en la oquedad tenebrosa se advierten algunos luminares de consuelo, se hallan en la austeridad y clarividencia de Pi y Margall, en el levantado y desinteresado doctrinarismo de Salmerón, en el noble y sereno juicio de Silvela, en la prudencia y laboriosidad de Gamazo, en la sorprendente facundia de Canalejas, hombres todos que ejercieron constantemente de Abogados.

No fueron Abogados Martínez Campos, ni Azcárraga, ni Vega Armijo, ni Moret (aunque alguna que otra vez hiciera como que ejercía, sin que lo creyera nadie), ni lo es el Conde de Romanotes, que, según la fama, sólo vistió la toga en una breve temporada de mocedad y alcanzó sensaciones respetables, pero amargas.

Es Abogado García Prieto, pero de sus esporádicas y accidentadas presencias en el Gobierno no podrá decirse con justicia que han trazado todavía derroteros al pensamiento nacional. En cambio, hay que reconocer que su política electoral ha significado siempre un rumbo de decencia.

Quien ha influido en aquel pensamiento, enormemente, ampliamente, e influye hoy y seguirá influyendo cincuenta años después de muerto, es Maura, que constituye la más alta categoría moral de la España contemporánea. Y Maura es sustancialmente un Abogado, que lleva más de cuarenta años, día por día, consagrado a las tareas de la profesión.

Pero se dirá: "Eso se refiere estrictamente a los hombres puestos en la cumbre, y no disminuye la verdad de que en los Gobiernos, en los Parlamentos, en la Administración general y en la local, ha habido siempre gran contingente de Letrados". Algo hay de cierto en eso, por más que importa advertir que el número de Abogados es muy escaso si se compara con el de los Licenciados en Derecho. De ahí proviene la confusión. Lo que importa agregar es que el fenómeno resulta legítimo e inevitable. Cuando los pueblos viven épocas de conquista o de defensa armada, es natural que en ellos predominen los guerreros; cuando no atraviesan tales etapas excepcionales sino tiempos de paz y de acomodo, necesariamente han de buscar fórmulas jurídicas para vivir, y, al efecto, requerirán a quienes tengan capacidad para proporcionárselas. Esto no es trazar la política; esto es, modestamente, servirla con los elementos de la competencia técnica[5].

---

5 Me congratulo copiando unos párrafos de cierto artículo del notable literato Azorín, publicado con el título de "El personal político", en el número de ABC de 4 de octubre de 1917:

"¿Por qué la política está acaparada por los abogados? La contestación pudiera darla el personaje popular francés —el capitán La Palisse— a quien se le cuelgan las verdades evidentísimas. Los abogados dominan, han de dominar, dominarán en la política, porque son precisamente los hombres dedicados desde la Universidad al estudio de los problemas del Derecho y de la política. ¿Qué relación tienen con la política, la Ingeniería o la Medicina? Además, siendo los juristas oradores —porque es indispensable serlo— y siendo la oratoria medio de entenderse con las multitudes y en las asambleas parlamentarias, forzosamente una clase de hombres fértiles y expeditivos en la palabra, ha de dar un contingente considerable a la política y ha de dominar en la política. Sucederá esto siempre, constantemente, como por una ley natural. Y ¿qué daño se produce con que suceda? ¿Qué ventajas tendríamos con que no sucediera?

Se habla de técnicos y de hombres de negocios; Wells acaba de decirlo. No hace falta recordar la enemiga de algún ilustre político español contemporáneo hacia lo técnico. Hay momentos de confusión, de general laxitud y hastío, en que puede ser deseable el que un hombre ajeno a la política, entre en ella de pronto y raje, corte y machuque a su capricho. (Nosotros expresamos nuestras reservas sobre la eficacia duradera de tal cirugía devastadora). Decimos esto, refiriéndonos, no a los técnicos, sino a esos otros hombres realistas y profanos a que se refiere el autor inglés. Puede ser que eso se juzgue conveniente en un determinado momento; pero la marcha de un país, la marcha fecunda y normal, ¿cómo podrá ser regulada por personas ajenas en absoluto a los estudios y problemas del derecho y de la política? ¿Cómo podrá ser llevado un país a saltos, por cuestas y cotarros, como quien dice, violenta y arbitrariamente? En cuanto a los técnicos, buenos son, excelentes son: en Hacienda, en Bellas Artes, en Industria, en todos los departamentos ministeriales debe haber personas entendidas en las diversas materias sobre que se gobierna; pero la dirección suprema, el impulso inicial, el camino ideal que ha de seguir una nación no es preciso que lo den ni lo marquen especialistas en tales o cuales materias. Las direcciones supremas de un país, basta con que las den hombres inteligentes y de recto sentido moral. El mal, a nuestro juicio, no radica ni en que los políticos sean juristas ni en que los técnicos estén apartados de la política. Para nosotros es una ventaja el que el jurista sea político; tiene, como es lógico, el jurista un sentido de la realidad jurídica, de los casos y de las circunstancias, que no posee un hombre ajeno a esos estudios. Y la gobernación de un país, es decir, la elaboración continua e ininterrumpida del derecho, elaboración práctica y diaria, no es más que casuismo, sentido instantáneo de la realidad".

No es fácil que ello deje de ocurrir, mientras no se retroceda al salvajismo. Ahora mismo, los problemas mundiales tienen una índole económica, como pertinentes que son a la creación y a la distribución de la riqueza. Pues bien: todo ello —evolución del sentido de la propiedad, propiedades colectivas, sindicalismo, salariado, arrendamientos, minoraciones de la herencia, mutualidades, municipalizaciones, variantes del sufragio, conceptos del Poder público, de las autonomías locales y de la lucha de clases— ¿cómo se ventilará y acomodará el día en que las aguas recobren su nivel? El dilema es sencillo: o con la bomba de una parte, y el cañón, de otra, o con el Derecho por ambas. Y como la sociedad no puede entregarse indefinidamente a su autodestrucción, nadie errará augurando que el Derecho, con tal o cual molde, ha de prevalecer, y que al triunfar el Derecho no serán desdeñables los hombres de Derecho.

Lo que viene sucediendo en esta materia es lo contrario de lo que piensa el vulgo: que en la política han entrado las exégesis ínfimas, mas no el sentido de la Abogacía. Abogar es ver los grandes fenómenos sociales en los casos concretos; quien vive en la concreción, olvidándose del fenómeno, no es un Abogado, sino un ratón de la curia. El Abogado ve lo social reflejado en lo individual y guía esto con el ánimo inspirado por aquello. Al intervenir en las desavenencias conyugales o en el retracto o en la concesión hidráulica, toca el Abogado, no sólo el fulanismo determinante del litigio, sino también las ideas más altas y genéricas que gravitan sobre la familia, el Estado, la riqueza pública, la libertad individual... El Abogado que interviene en la vida política aporta a ella más que el labrador, el fabricante o el obrero, que sólo conocen su caso y viven influidos por él; y más también que el teorizante, pues éste se pasa por la doctrina y excusa las minucias importantísimas de la realidad.

Convengo en la existencia de un exceso de Licenciadismo, que es una lacra porque está formado con poseedores de un título académico, que no quieren o no pueden utilizar, ajenos al estudio, a la experiencia y a la disciplina profesional; pero adolece igualmente de una falta de Abogadismo, porque no han influido suficientemente en ella los hombres conocedores de las causas y de los efectos, orientados en la patología general y en la dolencia individualizada, almas adiestradas a conocer el sufrimiento de cada día y prevenidas para la concepción de una existencia nueva...

Alguien me argüirá que no es fácil hallar la influencia de tales hombres, porque existen muy pocos.

Eso es otra cosa. ¿Escasean los Abogados merecedores de tan noble título? Puede que coincidamos...

II

Es la Política la que ha influido en la Abogacía, perturbándola, desquiciándola, deprimiéndola.

Establecido un paralelismo entre las dos actividades, el Foro se amedrentó y, poco a poco, fue arrinconándose hasta el punto de pensar que nada valía si no era por la luz que sobre él proyectaban las representaciones electivas y los cargos públicos. Quedó suprimida la jerarquía basada en el valer y aun en el éxito, y apareció sustituida por otra en que hay estos grados:

Ex ministros.

Diputados y senadores.

Diputados provinciales y Concejales.

Propagandistas.

El Sr. H, profundo jurisconsulto, está por debajo del Sr. X, que es un zoquete con casaca. El Sr. A, que, en un pueblo, gana con su bufete 10.000 duros, significa menos que el Sr. B, que no gana una peseta, pero es concejal y habla una vez por semana sobre la apertura del macelo o la limpieza de la fuente. El joven R ha pronunciado en la Audiencia un informe meritísimo, pero los pleitos hay que llevárselos al Sr. K, porque dijo cuatro palabras en un meeting o escribe gacetillas en un periódico.

Vergüenza semejante no se concibe entre otros intelectuales. Un médico que no acierte a curar las enfermedades no será llamado por nadie, aunque haya presidido veinte veces el Consejo de Ministros; un arquitecto a quien se le derrumben las casas no se verá solicitado, aunque sea senador vitalicio.

Las causas de esta abyección son dos: una del Estado, otra del Foro mismo.

El Estado ha creado en España una Magistratura pobre de dinero y de independencia. Esa Magistratura es honrada e incapaz de venderse. Lo menos que ha de hacer es atenuar las dificultades de su situación, procurando ascensos, destinos cómodos y colocaciones para la familia. Como eso lo dan los políticos, a los políticos ha de cultivar. El público lo advierte, lo multiplica y saca la deducción de que contando con un Abogado sea el mayor de los ignorantes. La culpa del Estado estriba, pues, en no crear una Magistratura positivamente autónoma.

La responsabilidad del Foro no es menor. En vez de reaccionar contra el mal sistema y emancipar a la Magistratura de esa tiranía, perdido el sentimiento de clase, se entregó al vicio mismo que le corroía y estableció entre sus individuos un pugilato para ver quién podía politiquear más, y, por consecuencia, influir más. Ya en esa vertiente, se perdió el decoro y hasta el instinto de conservación. Los jóvenes no quieren practicar en los bufetes de maestros sabios, sino en los de campanillas; los veteranos rinden visita, no por la hidalga tradición del orden de antigüedad, sino apresurándose a ir a casa del personaje, aunque sea recién llegado a la profesión; todos cuidan de poner al frente de los Colegios a quienes más alto hayan rayado en la política general o en la local, pretiriendo a ancianos beneméritos, de gloriosa vida profesional; no son pocos los que, con modestia honrosa, pero torpe, se abstienen de contender con el compañero político y recomiendan al cliente que busque otro de igual talla; en general, se reputa como Estado Mayor de la profesión al núcleo que puede influir en el público, desde Ministro hasta gacetillero.

¡Lo gracioso del caso es que no hay razón para tan vergonzosa entrega! Porque aunque bastantes Abogados políticos dejan presumir su influencia, y otros alardean de ella y aun algunos la cobran, lo cierto es que no la tienen, y si la tienen, no la emplean.

Hablo en general. Claro que hay funcionarios capaces de todo en holocausto a su padrino.

No niego tampoco la posibilidad de "la imposición", cosa bien distinta de "la influencia", y por virtud de la cual en ocasión señalada puede un Magistrado colocarse ante el Abogado político "de rodillas y a sus pies". Pero eso es lo excepcional. Ordinariamente, la influencia no se produce, por las siguientes causas:

a) Porque al político lo tienen sus clientes completamente sin cuidado, y no pone el menor empeño en complacerlos.

b) Porque en los Tribunales colegiados las influencias políticas son contradictorias y se contrarrestan. Basta que el ponente o el presidente muestren gusto en servir a un prohombre, para que todos los demás se complazcan en fastidiarle. Es muy humano.

c) Porque el Magistrado asequible, por su misma condición, teme al escándalo y a jugar demasiado caro.

d) Porque el Magistrado tiene mil medios subalternos para corresponder al favor que espera (señalamientos y suspensiones de vistas, noticias anticipadas, facilidades en los trámites dudosos, etc.).

e) Porque, venturosamente, no están secas en el cuerpo judicial las fuentes del Bien. Todos los días se ofrece el caso de jueces que sirven a su conciencia y desagradan a sus protectores. Revuelva cada cual su memoria. ¿No le brotarán a centenares los recuerdos de pleitos en que los santones fueron derrotados por Letrados modestísimos? No seamos pesimistas. Hay en la Magistratura mucha más abnegación, mucha más virtud —si dijera heroísmo, no sería hipérbole— de lo que el vulgo supone.

Recuerdo que siendo yo relativamente joven, hubo un año en que contendí con las figuras más eminentes de la política, alguna en la plenitud de su poderío. A todas vencí. ¡Ya se ve que soy vanidoso! Pues bien; en aquel mismo año me derrotaron ignominiosamente —ignominiosamente para mí— dos compañeros, uno recién salido de las aulas y totalmente desconocido; otro tan tosco y falto de sal, que la Sala no podía reprimir la risa mientras lo escuchaba. Debo advertir que por entonces yo llevaba varios años de ser Diputado a Cortes.

Cuando hacía mi balance de aquella temporada judicial, me decía: "Si estos descalabros que acabo de sufrir, y que me saben a injusticia y atropello, me los hubiera inferido alguno de los ex ministros a quienes yo he aventajado en el éxito, ¡qué cosas sospecharía! ¡Cuánta amargura se me depositaría en el alma pensando que la influencia política había sentenciado contra Derecho! ¿Por qué hemos de suponer siempre lo peor? ¿No será mucho más acertado advertir que sobre la conciencia pesan múltiples estímulos de muy varia índole y es necio pensar que un hombre, por ser juez, responda sólo al influjo político?

Reduciendo el caso a fórmula aritmética, diré que en el vicio que vengo examinando la maldad de los jueces pone un diez por ciento; la incuria del Estado un cuarenta; la cobardía del Foro un cincuenta por ciento restante.

Recientemente, una corriente de opinión profesional pretendió borrar la mancha pidiendo que se excluyera del ejercicio a los ex ministros; con posterioridad amplió el veto a cuantos tuviesen representaciones electivas; ocasiones ha habido en que ha llegado la cruzada contra los Notarios y los Abogados del Estado, que, sin duda, tienen elementos para la captación de asuntos; supongo que la persecución se extenderá a los periodistas, que, con más motivo, pueden seducir al litigante y cohibir al juzgador; sin que tampoco queden en olvido los que tienen funciones, o participación o relaciones con las fuertes compañías que pueden dar destinos, pases de ferrocarriles o tranvías, facilidades en la Delegación de Hacienda o en el Ayuntamiento; ni los pollos casaderos, disponibles para aligerar la carga familiar del Magistrado; ni los juristas amenos que pueden distraer sus ocios provincianos dejándose ganar al tresillo o contando chascarrillos oportunos...

No. Por el camino de los vetos llegaríamos a hacer del Foro una tertulia de ignorantes y desarrapados donde sólo podrían ingresar los que no tuvieran prestigio social, ni pluma, ni palabra, ni dinero, ni familia... Y cuando lo hubiéramos conseguido, seguirían las cosas como ahora, porque podrían operar sobre los jueces inconsistentes todas las influencias subrepticias, inconfesables.

Al revés. El Foro debe alegrarse y enorgullecerse (como lo haría cualquier colectividad en su caso) de contar en sus filas hombres políticos, financieros afortunados, literatos populares, con poder, con autoridad, con simpatía6.

Conocidos los orígenes del mal, es bien fácil deducir la terapéutica. Con que el Foro sepa hallarse a sí mismo todo estará resuelto. Y si se quiere un índice de drogas, ahí van unas cuantas:

Constante, ordenada y ardorosa lucha por la independencia del Poder Judicial.

Establecimiento de sistemáticas relaciones profesionales para conocer los casos clínicos, juzgarlos y hacer lo que proceda, cuando proceda.

Exaltación de los méritos forenses, y simple respeto para los que los togados acrediten fuera del Foro.

Frecuentación de la crítica en las Revistas profesionales.

Resurrección de los Colegios de Abogados.

Fomento de las instituciones para compenetrar a la Magistratura con el Foro.

Estamos ante un problema de dignidad, y las heridas de la dignidad se curan con bálsamo que cada cual lleva consigo... o son incurables. Fuera del propio ser, es inútil buscar remedios.

LIBERTAD DE DEFENSA

La Ley nos declara indispensables. Sin embargo, de nuestras filas ha salido la tesis de que no lo somos, de que nuestra intervención debe ser puramente potestativa para el litigante. ¿Hay otros muchos profesionales que hayan dado ejemplo análogo de desinterés? Apúntese en nuestro haber, ya que tantas otras partidas se nos cargan en cuenta.

Y no sólo mantenemos la teoría, sino que, en cuanto podemos la incorporamos a las leyes. Abogados han sido los que han decretado que puede excusarse su mediación en lo contencioso-administrativo, en los juicios de responsabilidad de funcionarios públicos, en los Tribunales industriales y en las diversas actuaciones señaladas en el artículo 10 de la Ley de Enjuiciamiento Civil. Conste que otros vicios tendremos, pero de absorbentes no se nos puede tachar.

El concepto de que el litigante pueda defenderse a sí mismo es de tan intrínseca equidad que acabará por prevalecer. Ningún patrocinio debe ser legalmente impuesto por las leyes a personas de plena capacidad. Dueño es el enfermo de aprovechar o desdeñar los servicios médicos como lo es el propietario para guardar o no guardar sus fincas. Solamente cuando la propia libertad puede influir sobre el bien de terceros o de la masa social, se interpone la autoridad del Estado recabando garantías técnicas. Así ocurre con el arquitecto y el ingeniero, cuyas facultades son irrenunciables porque la seguridad de la construcción no afecta sólo al que manda hacer la obra: así ocurrirá en un porvenir próximo con el labrador, a quien no se dejará en franquía de cultivar o no cultivar su predio, ni siquiera de cultivarlo bien o mal.

Este punto de vista nos conduce a establecer un sistema seguro en lo concerniente a la libertad de defensa. Y es éste: el particular debe ser libre para defenderse por sí mismo, salvo en los casos en que esa libertad puede dañar el derecho de las otras personas o al interés público.

Para el ciudadano es vejatorio que le obliguen a decir por boca ajena lo que podría expresar con la propia, y que una cosa tan natural como el pedir justicia haya de confiarla precisamente a un técnico. El pretorio debiera tener sus puertas abiertas a todo el mundo, sin atender a otro ritualismo que al clamor de quien solicita lo que ha menester.

Con ello los Abogados ganaríamos en prestigio sin perder sensiblemente en provecho. Lo primero, porque al no ser nuestro ministerio forzoso, sino rogado, se acrecentaría nuestra autoridad. Lo segundo, porque serían pocos los casos en que se prescindiera de nuestra tutela. Véase cuán escasas veces usan los pleiteantes de esa libertad de lo contencioso-administrativo. Pero se trata de una cuestión de principios, y aunque hubiera de desaparecer por inútil nuestra profesión, esto sería preferible a mantenerla cohibiendo a la sociedad entera y permitiendo que, en vez de buscarnos, nos soporte.

Ahora viene la excepción. Un litigante que informa en su propio nombre si lo hace mal no daña a nadie más que a sí mismo. Pero mientras subsista el actual procedimiento escrito y las dos instancias, el que da rienda suelta a sus pasiones, a sus malicias o a sus torpezas ejercitando acciones incongruentes, embarullando el procedimiento con recursos improcedentes, proponiendo pruebas absurdas, etc., más que dañarse a sí mismo perjudica a su contrincante y embaraza el trabajo de los Tribunales. Para estos quehaceres debe subsistir la obligación de valerse de Letrado, pues aun el más precoz y atrabiliario, el más embrollón y desaprensivo, tiene algún porvenir que guardar y alguna sanción que temer, lo cual lo hace menos peligroso que un interesado sin freno actual ni cautela para el futuro.

Tan convencido estoy de que debe irse ganando pasos en la emancipación del justiciable, que doctrinalmente soy partidario de que se consienta recabar el patrocinio de tercera persona, aunque no ostente el título de Abogado. Hay pleitos —singularmente en lo administrativo que defendería mejor que nosotros un ingeniero, un financiero o un compañero de escalafón del reclamante[7]. Reconozco sin embargo, que el teorema sería de arriesgadísima aplicación, porque daría entrada en el torneo a todo género de picapleitos y curanderos de Themis.

Quizás esto pudiera conjurarse difiriendo en cada caso al Tribunal la potestad de admitir o rechazar la actuación de ese tercero no togado. Pero, en definitiva, el concepto no está bastante maduro —ni tampoco la educación media de los ciudadanos— para pretender darle estado. Baste en el día de hoy con laborar para que se abra camino la idea de que el interesado pueda defenderse personalmente, convenciéndonos todos de que los Abogados existen para la Justicia y no la Justicia para los Abogados.

---

[7] En los tribunales industriales se reconoce ya esta facultad, de la que nadie usa.

EL AMIANTO

Una de las nueve especies que la guerra ha producido en la fauna profesional es la del Abogado financiero.

Tengo a los financieros mucha consideración porque sin su capacidad de iniciativa, sin su sed de oro, sin su acometividad y sin su ética maleable, muchas cosas buenas quedarían inéditas y el progreso material sería mucho más lento. Mas no concibo al Abogado financiero, por la sencilla razón de que si es financiero no puede ser abogado.

Claro que las empresas financieras necesitan nuestro concurso, y cuando se lo prestamos debemos sentir el orgullo de quien coopera a nobles empeños. No ya importante, sino ilusionante es que se multipliquen los puertos y los ferrocarriles, los saltos de agua y los bancos, la industria, la navegación y el comercio. Que todo eso se construya sobre bases firmes, que engrane suavemente con los Poderes públicos y con los intereses particulares, que contrate con acierto, que no tenga pleitos y que triunfe en los que sean inevitables, supone, en los tiempos presentes, aplicaciones interesantes de la actividad jurídica. Al hablar del novísimo Abogado financiero no me refiero a quienes para tan simpáticos menesteres evacuan consultas, redactan estatutos y asesoran verbalmente a Juntas y Consejos, sino a aquellos otros de quienes alguna vez se nos dice para deslumbrarnos:

—¡A Fulano sí que le va bien! Más de un millón de pesetas se ha ganado este año. Se dedica a las finanzas. ¡Ésa sí que es bonita aplicación de la carrera!

Se quiere decir con esto que Fulano tiene habilidad especial para estudiar los mercados, gestionar la cesión de una cartera, lograr el traspaso de una concesión, colocar la emisión de obligaciones, etc., etc. Y como en manipulaciones tan amplias juegan muchos millones, Fulano no encuentra la remuneración en una minuta de honorarios, más o menos elevada, sino en un tanto por ciento del precio, en un paquete de acciones liberadas o de partes de fundador, o en un puesto en el Consejo de administración. Todo lo cual es legítimo y está muy bien en los financieros, pero no en los Abogados, quienes, mezclando así el interés propio con el ajeno y poniendo en cada asunto el albur de hacerse poderosos, vienen a consagrar inmensos pactos de cuota-litis; una cuota-litis hipertrofiada.

Ello es todo lo contrario de lo que el Letrado corresponde. Ha de hallarse éste siempre colocado por encima de la codicia y de la pasión. Si los financieros, con sus empresas colosales, ganan el dinero a espuertas, gánenlo en buena honra; el Abogado debe sentirse superior a ese apetito y saber que su palabra es, en medio del vértigo, la serenidad, la prudencia, la justicia. De igual modo, el médico que salva la vida a un multimillonario, es superior a éste, precisamente porque su ciencia devuelve la salud y no le hace partícipe de la riqueza.

¡He ahí el gran resorte de nuestra autoridad! Aunque los aristócratas nos consulten, nosotros no debemos ser nunca contertulios, porque nos rebajaríamos de consejeros a tresillistas; aunque seamos abogados de empresas teatrales, no debemos frecuentar los bastidores, para no ser un elemento más mezclado en la farándula; aunque nos visiten mujeres hermosas no debemos galantearías, para no descender de confesores a petimetres... o viejos verdes. Asimismo, aunque nos ronde la tentación de la millonada debemos dejarla correr hacia sus naturales posesores, que son los geniales y los aventureros, los grandes descubridores y los hombres de presa. Nosotros estamos tan distantes de los unos como de los otros, y nuestra grandeza radica en merecer la confianza de ambos, sin ser consocios de ninguno.

Poder y riqueza, fuerza y hermosura, todas las incitaciones, todos los fuegos de la pasión han de andar entre nuestras manos sin que nos quememos. El mundo nos utiliza y respeta en tanto y en cuanto tengamos la condición del amianto.

LOS PASANTES

¡Oh recuerdos y encantos y alegrías! ¡Reminiscencias de la edad dorada en que confluían todas las ilusiones! ¡La novia que pronto ha de ser esposa, la primera toga, el primer dinero ganado, el primer elogio de los veteranos, la primera absolución! ¡Un mundo riente y esplendoroso, abierto ante los ojos asombrados que apenas dejaron de mirar a la infancia y ya contemplan en perspectiva próxima la madurez! ¿Quién, a no tener seco el corazón, dejará de ver con ternura y cariño a la alegre tropa que sale atolondrada de las aulas y se instala en los bufetes para descubrir el atrayente misterio y disponerse a la conquista del porvenir?

No quiero hablar aquí del pasante fijo que adscribe su vida a la nuestra y nos acompaña durante una gran parte de ella con su colaboración. Ese no es propiamente un pasante, sino un compañero fraternal que en el despacho sabe lo que nosotros, pesa lo que nosotros y está a nuestro nivel. Aludo al alegre mocerío que irrumpe en el "despacho de los pasantes", y sobre el cual cae de lleno la luz de la esperanza, pero se ha de repartir después, en incalculables y aleatorias proporciones, el triunfo y el fracaso, la bienandanza y la desventura.

Para la generalidad de los licenciados, las obligaciones del pasante aparecen establecidas en este orden:

1.º Leer los periódicos.

2.º Liar cigarrillos y fumarlos en abundancia cuidando mucho de tirar las cerillas, la ceniza y las colillas fuera los ceniceros y escupideras.

3.º Comentar las gracias, merecimientos y condescendencias de las actrices y cupletistas de moda.

4.º Disputar —siempre a gritos— sobre política, sobre deportes y sobre el crimen de actualidad.

5.º Ingerir a la salida del despacho cantidades fabulosas de patatas fritas a la inglesa, pasteles, cerveza y vermouth.

6.º Leer distraídamente autos, saltándose indefectiblemente los fundamentos de Derecho en todos los escritos y, su integridad, el escrito de conclusiones.

El noventa por ciento de los pasantes pone aquí punto a sus deberes y sale del despacho para nutrir las filas de la burocracia o para casarse con muchachas ricas. Un diez por ciento, después de llenar aquellos menesteres ¡que han sido, son y serán ineludibles!, estudia con interés y gusto, escribe al dictado del maestro, busca jurisprudencia, se ensaya en escritos fáciles, da su opinión en los casos oscuros y asiste a diligencias. De ese diez por ciento, un nueve triunfa en las profesiones jurídicas, venciendo con buenas artes en las oposiciones; del uno por ciento restante salen los Abogados.

Aun siento tan escasa la proporción de los que han de cuajar en el Foro, todos deben ser tratados, no sólo consideradamente, sino con estimación sincera y franca. La juventud es sagrada, porque es la continuación de nuestra historia, porque es menos pesimista y contaminada que los hombres curtidos, porque viene a buscarnos poniendo en nosotros su fe, porque a nadie sino a ella le será dado enmendar nuestros yerros, o perfeccionar nuestros aciertos, o dar eficacia a nuestras teorías. La juventud tiene siempre algo de filial.

De otra parte, el maestro toma sobre sí una enorme responsabilidad: la del ejemplo. Lo más interesante que se aprende en un bufete no es la ciencia, que pocas veces se exterioriza ni el arte de discurrir, que no suele ser materia inoculable, sino la conducta. Acerca de ella, es decir, acerca de la ética profesional, el estudiante no ha aprendido ni una palabra en la Universidad. Es en el bufete donde recibirá la primera lección. Además, el maestro se ofrece aureolado con mayores prestigios que el catedrático en el aula, pues éste no suele ser —con más o menos razón— a los ojos del estudiante nada más que un funcionario público, mientras que aquél se le muestra —también con mayor o menor fundamento— como el hombre que supo destacarse y triunfar entre los de su clase. Sus gestos, sus actitudes, sus decisiones son espiados por la pasantía propensa a la imitación. Por donde se llega a la conclusión de que los Abogados tal vez no logramos formar la mente de nuestros pasantes, pero involuntariamente, influimos sobre la orientación de su conciencia.

El pasante, al entrar en el bufete, oirá de su maestro una de estas dos cosas:

—Tome usted estos papeles. Hay que defender a Fulano. Aguce usted su ingenio y dígame qué se le ocurre.

O bien:

—Tome usted estos papeles, estúdielos y dígame quién tiene razón.

El que habla así es un Abogado; el que se expresa del otro modo es un corruptor de menores. Los efectos para el aprendizaje son también distintos. El novato que oye uno de esos consejos se dice: "Yo soy un hombre superior, llamado a discernir lo justo de lo injusto". El que escucha el otro argumenta: "Yo soy un desaprensivo y tengo por misión defender al que me pague y engañar al mundo". Muy difícil será que esta primera impresión no marque huella para el resto de la vida. Lo menos malo que al pasante le puede ocurrir es que advierta a tiempo la necesidad de la rectificación y haya de consagrarse a la espinosa tarea de rehacer su personalidad.

La enseñanza del bufete no tiene otra significación sino la de mostrarse el Abogado tal cual es y facilitar que le vean sus pasantes. No hay lecciones orales, ni tácticas de dómine, ni obligaciones exigibles, ni sanción. Si bien se mira, existe una cierta fiscalización del pasante para su maestro, pues, en puridad, éste se limita a decir al otro: "Entérese usted de lo que hago yo, y si lo encuentra bien, haga usted lo mismo". Por eso el procedimiento de la singular enseñanza consiste en establecer una comunicación tan frecuente y cordial cuanto sea posible. Que el discípulo vea cómo el maestro elige o rechaza los asuntos, que discuta con él, que lo oiga producirse con los clientes, que examine sus minutas de honorarios, que se entere de su comportamiento, así en lo público como en lo familiar y privado... El tema de la investigación no es el Derecho de ésta o la otra rama: es uno mismo.

Suele ser manía difícil de corregir en los Licenciados noveles y en sus padres, la de hacer sus prácticas en un gran bufete y con personaje de relumbrón. Lo tengo por enorme error, al que hay que achacar lamentables pérdidas de tiempo. Las razones son clarísimas. El gran Abogado tiene multitud de quehaceres abogaciles, complicados casi siempre con la vida política, la científica o la financiera, y le falta tiempo para conocer siquiera a la muchachería; cuenta con pasantes veteranos en quienes ha depositado toda su confianza, y le basta entenderse con ellos para gobernar el despacho; y, en fin, es lo natural que se encuentre en aquella edad en que las energías comienzan a decrecer, y faltan bríos y humor para bregar con la gente joven. Con lo cual ésta agosta una buena parte de sus años floridos, sólo por darse el gusto de decir "soy pasante de Don Fulano", a quien, si a mano viene, ni le ve la cara una vez por semestre.

En cambio, los Abogados de menos estruendo, pero que son típicamente Abogados, y aquellos otros que, aunque tengan otras aficiones simultáneas, se encuentran en plena juventud, pueden establecer una relación de convivencia, una compenetración afectuosa, un trato de camaradería, perfectamente adecuados para ver mucho mundo, muchos hombres y muchos papeles, que es, en sustancia, todo lo que se saca de la etapa pasantil.

Siendo esto tan evidente, es deber moral en los Abogados favorecidos por el éxito hablar con claridad, aunque hayan de afrontar algunos enojos, y negarse a admitir más pasantes que aquellos a quienes seriamente puedan atender.

Concluiré expresando mis votos porque algún día, cuando se comprenda el sentido social de la profesión, sea la pasantía una colectividad con personalidad propia ante los Colegios, y éstos la amparen, estimulen y eduquen. Las academias prácticas, las subvenciones para viajes, el encargo de trabajos especiales, el auxilio al Decano, la relación oficial y recíproca... mil y mil modos hay de que el joven Abogado sienta su profesión, como la sienten todos los alféreces antes de salir de la Academia militar.

Ello envuelve un problema grave para el honor y el desenvolvimiento de nuestro ministerio. Los Abogados españoles, en nuestro ciego rumbo de individualismo y disgregación, no sólo hemos talado el bosque, sino que cada año arrasamos el vivero.

LA DEFENSA DE LOS POBRES

Constituye la defensa de los pobres una función de asistencia pública, como el cuidado de los enfermos menesterosos. El Estado no puede abandonar a quien, necesitado de pedir justicia, carece de los elementos pecuniarios indispensables para sufragar los gastos del litigio. Mas para llenar esa atención no hace falta, como algunos escritores sostienen, crear cuerpos especiales, ni siquiera encomendarla al Ministerio Fiscal. Los Colegios de Abogados se bastan para el menester, lo han cubierto con acierto desde tiempo inmemorial, y debieran tomar como grave ofensa el intento de arrebatárselo.

Se citan ejemplos aislados de torpeza o abandono en la defensa de oficio; pero si se comparan con los miles de millares de aciertos, abnegaciones, extremos celosos y juveniles entusiasmos derrochados en el curso de los siglos, habrá que reconocer que aquélla constituye una de las más gloriosas ejecutorias de nuestra profesión.

No soy partidario de la especial categoría de "los Abogados de pobres" reclutada entre los principiantes. Y no porque ellos lo hagan mal, pues repito que su historia es insuperable, sino porque los demás exhibimos un egoísmo que nos desprestigia ante las clases humildes, cuyo respeto tanto importa. Los médicos de los hospitales no son los más inexpertos, sino, al revés, hombres duchos, con frecuencia eminentes y casi siempre acrisolados en rudas oposiciones. Resulta de pésimo efecto la comparación con nuestra defensa deferida a los muchachos recién salidos de las aulas, que hacen de ese modo su aprendizaje in anima vili. No puede aspirarse (aunque esto sería en verdad lo apetecible y lo piadoso) a que sean exclusivamente las eminencias forenses quienes monopolicen las tutelas misericordiosas. Fuera pedir demasiado para romper una tradición social utilitaria y egoísta, que sólo tibiamente empieza ahora a quebrantarse. Pero es perfectamente asequible que turnen en tan noble tarea todos los colegiados sin distinción de categorías ni de cuotas contributivas. Así se hace en la mayoría de los Colegios y así se ha establecido en el de Madrid con anterioridad a la publicación de la tercera edición de este libro.

Los remolones, que llanamente encuentran salida para justificar su egoísmo y su pereza, a falta de argumentos sustanciosos que, en verdad, no son fáciles de hallar, se parapetan en la hipótesis de una corruptela, augurando que no serían los abogados veteranos quienes se ocupasen de los procesos de oficio, sino sus pasantes, y entre ellos, probablemente, los ínfimos de la escala. Y yo a esto replico: primero, que no sería el abandono tan general, como lo prueba el hecho de que cuando el turno entre todos se estableció en Madrid —y ahora que se ha restablecido— asistieron y asisten a estrados cumpliendo escrupulosamente su deber las más altas figuras del Foro, empezando por el Decano; y segundo, que aunque esa delegación fuese cierta y total, siempre resultaría inspeccionada y dirigida por el titular a quien hubiese correspondido el negocio con lo cual la inexperiencia del pasante hallaría un asidero de autoridad y el interesado quedaría ganancioso. Es inútil fatigar el cerebro buscando amparos dialécticos a tesis absurdas. Dígase claramente que somos víctimas, no ya siquiera de la maldad, sino de la inercia discursiva que nos impele a aceptar las cosas tal cual nos las hemos encontrado, y a ver con horror el cambio, cualquiera que sea.

Otro aspecto tiene la defensa de pobres, más profundo y grave: el de la abundante inmoralidad y los punibles fines con que se utiliza el beneficio de pobreza, degenerando frecuentemente en ganzúa para forzar las cajas de los ricos o en llave inglesa con que amenazar la tranquilidad de los pacíficos. En alguna ocasión fue presentado al Congreso cierto proyecto de reforma de las leyes orgánicas y procesales, en el que se suprimía para el litigante pobre la libertad de designar abogado y se confiaba su amparo al Ministerio público, intento que quedó absolutamente frustrado. La innovación hubiese sido bastante grave para que pudiera tomar ambiente sin comentario ni protesta.

El abuso de las pobrezas ha llegado a ser, efectivamente, motivo de positiva alarma para todo el que tenga algún interés que guardar. No es, por desdicha, menos cierto que, pareja a la inmoralidad del litigante, suele ir la profesionalidad de su defensor, sin la cual no encontraría aquélla medio eficaz de prevalecer.

Pero, a pesar de todo, no se puede desconocer que si el beneficio de pobreza es utilizado frecuentemente con malicia punible, hay una mayoría de casos en que se aprovecha por quienes realmente tienen derecho a él y para fines perfectamente lícitos que frecuentemente logran prosperar ante los Tribunales de Justicia. Siendo ésta la realidad, constituye un enorme vejamen contra los menesterosos el imponerles ser defendidos por el Ministerio Fiscal.

Nadie podrá sostener serenamente que ese organismo, integrado por funcionarios públicos, sometido a una disciplina oficial, amovible en todos sus grados y jerarquías y agobiado por los múltiples quehaceres que la defensa de la ley impone, esté capacitado para amparar en justicia a quienes no pueden realizar desembolsos.

No cabe excusar el yerro tomando en cuenta la elevadísima función social que a la Fiscalía compete. Por muy respetables que sean la institución y cada uno de los miembros, hay en la vida otro principio más respetable todavía: el de la libertad civil para que cada uno ponga sus derechos bajo la defensa de quien le plazca. Admirable y bendito es el hospital donde médicos eminentes, religiosas abnegadas y Estados generosos procuran remediar las dolencias corporales; mas nadie se atrevería a regatear al último de los pordioseros el derecho a entregar su salud a un médico de su confianza, por inepto, inexperto y torpe que fuese.

Un Fiscal, funcionario público, no puede poner al servicio de un litigante el tiempo, el ardimiento y la especial competencia que un Letrado. El litigante no tendrá ni siquiera fácil acceso al estudio de su patrono para contarle sus cuitas y solicitar sus consejos. Y todo esto, que es grave en cualquier caso, adquirirá caracteres de conflicto político si se toma en cuenta que esos litigantes pobres ejercitan todos los días acciones creadas por la llamada legislación social, batallando frente a sus patronos más o menos poderosos. Los obreros que reclaman indemnización por accidentes del trabajo no se allanarán fácilmente a creer que ha hecho todo lo necesario para su defensa un empleado representante de una sociedad capitalista y burguesa; y cuando llegue el fallo adverso, no habrá quien impida que lo supongan debido a su indefensión. Podrá ello no ser cierto, mas no evitará la inquietud, la desconfianza y la protesta de los necesitados.

Otras muchas veces se encuentran los desprovistos de bienes materiales en la precisión de contender con empresas fortísimas. Y será, en verdad, espectáculo amargo que la ley prive a aquéllos del primario y elemental derecho de buscar su defensor. Insistamos en esta dolorosa realidad. Un pobre tiene que litigar contra una empresa. Al pobre no se le permite valerse de Abogado de su confianza y se le entrega en manos del Fiscal. La Compañía está prácticamente representada por un Ministro, acaso por el propio Ministro de Justicia, que continua sus tareas profesionales valiéndose de la firma de un pasante. Ese Ministro de Justicia podrá trasladar al Fiscal donde le plazca, sin responsabilidad alguna. ¿Contará ese funcionario fiscal con la independencia indispensable para arremeter briosamente contra la Compañía? Y aunque tenga madera de mártir y lo haga, ¿se creerá el litigante debidamente asistido? ¿Lo pensará la opinión pública? Muy lejos de eso, estimará que ha sido extremado el rigor contra los indefensos y muy olvidada la cautela contra el abuso de los influyentes.

Al lado de estos riesgos típicos quedan muy esfumados otros de menor alcance, pero que, considerados aisladamente, tampoco lo tienen corto. Así, por ejemplo, ¿quién tendrá libertad para interponer un recurso, el litigante o el Ministerio Fiscal? Un Letrado que no estime pertinente apelar o recurrir en casación puede abstenerse de hacerlo sin causar con ello daño irreparable, puesto que lo que él no hace lo realizará otro compañero. Pero cuando el Fiscal no quiera apelar o recurrir y el litigante desee hacerlo, ¿qué ocurrirá? ¿Se sacrificará el derecho del ciudadano para que prevalezca lo que ya no sería consejo, sino mandato del funcionario? Y si no se hace esto, ¿habrá un funcionario fiscal que con entusiasmo desautorice las opiniones de su colega?

En este mismo orden de consideraciones cabe preocuparse de lo que ocurrirá cuando un pobre litigue contra otro pobre. Rota la unidad del Ministerio público, se verá a uno de sus individuos luchar contra otro, con quebranto de la autoridad de los dos y sin sosiego de ninguno de ambos defendidos, que no acertarán a ver en sus amparadores aquella independencia de juicio y aquel desembarazo de conducta que sólo es patrimonio de los que ejercen profesiones libres.

Además, el conflicto de conciencia que se presentaría para Fiscales y Magistrados es verdaderamente grave. No se tratará en la materia civil, como en la criminal o en la contencioso-administrativa, de que el Ministerio Fiscal cumpla sistemáticamente un deber ineludible, con lo que su autoridad no pierde nada aunque sea vencido en la contienda. Se tratará de que determine por su libre juicio qué asunto es defendible y cuál no lo es. Si el Tribunal declara en su sentencia que la acción es temeraria o maliciosa, la mancha que esto acarrea no caerá sólo sobre el pleitista, sino que alcanzará al Ministerio Fiscal. Y si por huir de tal riesgo el Fiscal hila demasiado delgado en la admisión de asuntos (lo cual, por cierto, coincidirá con su comodidad), quedarán mil y mil derechos abandonados en homenaje al prestigio colectivo y al amor propio individual de los funcionarios llamados a mantenerlo.

Tampoco dejará de ser curiosa la contienda establecida entre dos servidores del mismo Estado (el Fiscal y el Abogado del Estado) sobre concesión o negativa del beneficio de pobreza. Un Fiscal atacando al Fisco constituye novedad apreciable.

La peligrosa innovación sugiere otras mil consideraciones. Pero no es necesario ni útil prolongar por más tiempo las que quedan esbozadas. Baste decir, en conclusión, que no cabe negar un elemental derecho a todos los ciudadanos pobres, sólo para prevenir un mal que algunos positivamente hacen. Lo pertinente es respetar el derecho general y establecer una sanción rigurosa para quienes abusen de él; llevando la firmeza hasta hacer solidarios del daño causado, al litigante, a su Abogado y a su Procurador, si bien fiando al arbitrio de los Tribunales la aplicación de esas medidas que, por desgracia, serán precisas no pocas veces, ya que no faltan (aunque, si se ha de hablar en justicia, tampoco abundan) los profesionales que hacen su oficio de granjería y se convierten en sistemáticos perturbadores del derecho ajeno.

Las medidas que cabría explicar son, a mi entender, las siguientes:

1.º Cuando uno de los litigantes utilice el beneficio de pobreza, el otro quedará relevado del uso del papel sellado y de todos los gastos que se produjesen en el Tribunal.

2.º Si el litigante pobre fuese condenado en costas y no las satisficiere, el Tribunal tendrá en sus libres facultades decretar el apremio personal por insolvencia a razón de un día de prisión por cada veinticinco pesetas no pagadas. (Esta norma ha venido a tener realidad en el R. D. de 3 de febrero de 1925, modificando el Art. 32 de la Ley de Enjuiciamiento civil). La parte beneficiada con la condena podrá perdonar la ejecución de este apremio.

3.º Igualmente tendrán facultad los Tribunales para declarar solidarios en todo o en parte del pago de las costas al Abogado y al Procurador que hayan defendido al litigante pobre. Si en el plazo señalado no las abonaren quedarán suspensos en el ejercicio de su profesión hasta tanto que las dejen saldadas.

LA TOGA

Nunca olvidaré la extrañeza, entre asombrada y zumbona, que mostraron unos compañeros argentinos a los que enseñé nuestra toga y nuestro birrete. Se maravillaban de su arcaísmo y preguntaban si no se podía hacer justicia sin tan raro ropaje. Yo, en cambio, me maravillaba —aunque no se los dije— del sentido mercantil que en sus labios tomaban las cosas judiciales.

Muchos españoles, con todo y tener acostumbrada la vista, muestran idéntica sorpresa, y algún humorista ha preguntado qué relación puede haber entre la justicia y un gorro poligonal de ocho lados.

Realmente, parece algo pueril confundir las virtudes más excelsas con atributos de vestidura; sin que sea pequeño el riesgo de que, tomando la representación por lo representado, crean gentes superficiales que la casulla es religión y la bandera, patriotismo y la toga, justicia. Satisfechos los ojos, se excusa la intervención del alma, y así se juzga patriota el que saluda con ceremonia cómica a la bandera, aunque defraude diariamente al Tesoro Nacional, y se tiene por religioso al que va a la procesión con cirio, sin perjuicio de vivir en alegre adulterio, y se reputan hombres de justicia sujetos venales o danzantes sólo porque llevan una túnica negra o una placa dorada.

No hay, pues, que sacar de sus límites los valores puramente alegóricos; mas tampoco cabe suprimirlos caprichosamente, porque ni fue arbitraria su invención ni se borran de cualquier modo los hechos seculares.

En una sociedad ideal donde el pueblo sintiera el bien por el bien mismo, pusiera espontáneamente su voluntad en estrecha disciplina, acatase los valores y mantuviese en tensión su sensibilidad sin necesidad de excitaciones del exterior, sobrarían, y aun serían ridículos, banderas y estandartes, cintas y galones, músicas y estrados. Mas, por desgracia, no creo que exista ese pueblo soñado, en que todo es sustancia anímica y nada piden los sentidos; desde luego, España no lo es. ¿Para qué necesita, mirando las cosas sustantivamente, estar uniformado un ejército? ¿No se puede respetar un juramento, prestar un servicio y hacer dejación de la vida vistiendo cada soldado como le plazca? Cierto que sí. Y sin embargo, suprímase el uniforme y el batallón quedará transformado en una horda. En cambio —¡todas las apariencias tienen su íntimo sentido!- empeñémonos en poner uniforme al somatén catalán y desaparecerá el somatén.

Y es que, así como los signos ofrecen el inconveniente antes señalado de que se tome el signo por la esencia y se forme una mentalidad frívola y superficial, así también la falta de signos lleva a un rebajamiento de las esencias, perdiéndose primero un traje, y luego la circunspección que impone el traje, y luego la virtud de que solía ser muestra la circunspección...

La toga, pues, no es por sí sola ninguna calidad, y cuando no hay calidades verdaderas debajo de ella, se reduce a un disfraz irrisorio. Pero después de hecha esta salvedad, en honor al concepto fundamental de las cosas, conviene reconocer que la toga, como todos los atributos profesionales, tiene, para el que la lleva, dos significados: freno e ilusión; y para el que la contempla, otros dos: diferenciación y respeto.

Es freno, porque cohíbe la libertad en lo que pudiera tener de licenciosa. La conversación innecesaria con gentes ruines, la palabra grosera, el gesto innoble, el impulso iracundo, la propensión a la violencia quedan encadenados, ya que no extinguidos, por imperio del traje talar. En el enojo de la polémica ¡cuántas pasiones torcidas son sofocadas por la toga! "Ahora yo le diría... ahora yo descubriría... a la salida yo haría... Pero no puede ser. ¡Llevo la toga puesta!" Y sólo con esto los nervios se templan, la rebeldía se reduce, el furor se acorrala, y la irritación busca válvulas en la severidad contundente, en la ironía acerada, en la imprecación ardorosa... Con lo que la bestia humana cede el paso a las emanaciones más delicadas y a los refinamientos más sutiles del entendimiento. Esto sin contar con que la toga es uno de los pocos recordatorios de que constituimos clase[8] y de que en los estrados no está sola nuestra personalidad, acaso indomable, sino también la dignidad colectiva de todos nuestros compañeros, depositada en nuestras manos en aquel minuto. Ante una mala tentación allí donde nos exhibimos al público con la solemnidad de nuestra ropa oficial, no discurrimos sólo "¡qué pensarán de mí!", sino también y simultáneamente "¡qué se dirá de los Abogados!".

Mirad a un individuo que va por la calle con americana y flexible. Puede hablar sin decencia, detenerse con mujeres escandalosas, embriagarse. Poned a ese mismo hombre un uniforme y una espada, y en el acto enfrentará su irreflexión. No es que el malo se haga bueno, pero no ofenderá a los demás con su descaro. Mas ¿a qué buscar ejemplos fuera de casa? El Abogado que asiste a una diligencia en el local infecto de una escribanía, usa un léxico, guarda una compostura y mantiene unas fórmulas de relación totalmente distintas de las que lo caracterizan cuando sube a un estrado con la toga puesta.

La toga es ilusión. No puede cada hombre —quizá no nos convenga— limpiarse del deseo de ser una cosa distinta de los demás. No distinta por los arrumacos y floripondios, sino por nuestra función, por nuestro valer, por nuestra significación. Y la toga nos recuerda la carrera estudiada, lo elevado de nuestro ministerio en la sociedad, la confianza que en nosotros se ha puesto, la índole científica y artística del torneo en que vamos a entrar, la curiosidad, más o menos admirativa, que el público nos rinde... Cuando todo esto pasa por nuestra mente (y pasa siempre, en términos más o menos difusos) la toga es un llamamiento al deber, a la verdad y a la belleza. Con la toga puesta, ante un público interesado o indiferente, pero siempre censor, junto al anhelo del éxito judicial y al de la vanidad artística (¿por qué no confesarlo?), aparece la necesidad de ser más justo, más sabio y más elocuente que los que nos rodean; el temor a errar o a desmerecer; el respeto a los intereses que llevamos entre ma-

---

[8] Véase el capítulo titulado La clase.

nos... ¡Ah! Eso del peso de la toga sobre los hombros no es un tópico vano, aunque el uso lo haya hecho cursi. La toga obra sobre nuestra fantasía y haciéndonos limpiamente orgullosos, nos lleva por el sendero de la imaginación, a la contemplación de las más serias realidades y de las responsabilidades más abrumadoras. La ilusión es estimulante espiritual y potencia creadora de mil facultades ignotas, y la alegría en el trabajo y recompensa del esfuerzo... Todo eso significa la toga, toda ésa es su fuerza generatriz. Declaro que al cabo de cuarenta y dos años de vestirla, ni una vez, ni una sola, me la he puesto sin advertir el roce de una suave y consoladora emoción.

La toga es, ante el público, diferenciación. Por ella se nos distingue de los demás circunstantes del Tribunal; y siempre es bueno que quien va a desempeñar una alta misión sea claramente conocido.

La diferenciación no sería nada si no fuera acompañada del respeto. Y el pueblo, ingenuo, sencillo y rectilíneo, lo tributa con admirable espontaneidad. En los pasillos de una Audiencia, casi todo el mundo se descubre al paso de un togado, aunque no hay disposición que lo ordene, ni alguacil que lo requiera. Y no es por temor ni por adulación. Temor ¿de qué? Adulación ¿para qué? Es porque el clarividente sentido popular, al contemplar a un hombre vestido de un modo tan severo, con un traje que consagraron los siglos, y que sólo aparece para menesteres trascendentales de la vida, discurre con acertado simplismo: "Ese hombre debe ser bueno y sabio".

Y sin duda tenemos la obligación de serlo y de justificar la intuición de los humildes. ¡Pobres de nosotros si no lo entendemos así y no acertamos a comprender toda la austeridad moral, todo el elevado lirismo que la toga significa imponer!

LA MUJER EN EL BUFETE

Dos mujeres requieren especial consideración para el Abogado: la mujer propia y la mujer cliente.

La dulce tiranía femenina, que gravita sobre el hombre e influye en él por manera decisiva —pese a sus alardes de soberanía— tiene mayor interés en las profesiones que el varón ejerce dentro de su hogar. Un empleado, un militar, un comerciante tienen la vida partida. En su casa están durante las horas de dormir, las de comer, y acaso otras pocas más. El resto del día, consagrado a vivir su oficio, lo pasan en un ambiente extraño, sometidos a otras influencias, en necesaria promiscuidad con amigos, compañeros y dependientes; y esa alteración de relaciones hace más sencilla las obligaciones de los cónyuges, que pueden seguir sus vidas respectivas aisladamente y apetecer los momentos de reunión.

Los literatos, los notarios, los médicos de consulta y no de visita, los abogados, han de fundir en un mismo perímetro las exigencias de su carrera y el desenvolvimiento de su familia, cosas no muy sencillas de armonizar. El bufete es un hogar con independencia de oficina y una oficina con matiz de hogar. Si se advierte la rabieta de los chicos, los mandatos a la servidumbre o el ajetreo de la limpieza, pierde el despacho su indispensable tinte de solemnidad y recato, apareciendo comprometidas la serenidad de su destino y la reserva profesional. Si, al revés, no se nota que hay allí, aunque invisible, una familia y no se percibe la magia inconfundible de un alma de mujer, el estudio ofrece fácilmente la sensación de las covachuelas curialescas o de las casas comerciales. Hallar el punto preciso para este condimento no es cosa sencilla, y suele estar reservada a seres delicados.

Esto en cuanto a la exterioridad; que en punto a lo interno, por lo mismo que el Abogado actúa en su casa, la mujer ha de hacérsela singularmente apetecible, para que no corra a buscar fuera de ella el esparcimiento, reputándola lugar de cautiverio en vez de remanso de placidez.

Un Abogado soltero, por talentudo y laborioso que sea, siempre resultará Abogado incompleto. Sólo el matrimonio, y más aún la paternidad, y más especialmente todavía el avance en la paternidad misma, nos brindan una comprensión, una elevación, una serenidad que abre en las fuentes de lo subconsciente y determinan en los hombres la plenitud de la piedad, de la transigencia, de la efusión. Los grandes dramas familiares, ni suelen ser confiados a quien no fundó familia, ni, en caso de serlo, llegan a ser totalmente penetrados por el célibe. Los verá con el cerebro, no con el corazón; y ya he dicho reiteradamente que el cerebro sólo es bien poca cosa para abogar.

La esposa de un intelectual ha de tomar un hondo interés en sus trabajos, reputar su función como admirable y nobilísima, facilitarle el reposo, la calma y los varios elementos accidentales que aquélla requiere, auxiliarlo hasta donde sus fuerzas lleguen y el esposo necesite, poner deseo en participar de las alegrías como de las depresiones, y, sin embargo, detenerse en el lindero de la curiosidad impertinente, ver los quehaceres de su compañero por la faceta glorificadora y no por el prosaísmo pecuniario, tomando el cerebro masculino y a su ocupación como simples maquinarias de provisión de la despensa...

Vuelvo a una distinción otras veces expuesta. Los que no ejercen profesiones espirituales pueden pasarse sin compartir con sus compañeras la preocupación profesional... ya que para ellos casi no existe. Mas para quien, por deber continuo, tiene el alma llena de problemas, de obsesiones, de anhelo, de ilusión, no puede haber divorcio más amargo que el de contemplar ajena para todo aquello ¡que es su vida! A la compañera de su tránsito por el mundo.

¿Concebís desengaño superior al de un novelista cuya mujer no lea sus novelas? Pues amargura igual sufren el médico y el abogado cuando tropiezan con mujeres que crían muy bien a los hijos, que administran muy bien la casa, pero que no se intrigan poco ni mucho por el éxito de los litigios o por la salud de los enfermos.

Cierto que también hay casos en que la mujer pretende interesarse en las alternativas profesionales del marido y es éste quien la repele diciéndole groseramente: "¿Y a ti quién te mete? ¡Las mujeres no entendéis de esas cosas!" Conste que los que profieren esta delicada sentencia no son Abogados, sino guardacantones con birrete.

Ya iniciada la esposa en los negocios conyugales, hay dos puntos en que su dignidad y su entendimiento quedan puestos a definitiva prueba: en no pretender entrar nunca en el secreto profesional, que los Letrados debemos guardar con máxima intransigencia, y en no encelarse de las demás mujeres que han de encerrarse con sus maridos y hacerlos depositarios de los más íntimos y graves secretos.

Existen señoras que tratan a los clientes, les dan conversación y acaban visitándose con sus familias. ¡No hay bufete que resista la intromisión de tales marisabidillas!" Otras no quieren ni enterarse de que existe el despacho. A éstas, quien de fijo no las resiste en su marido.

Como este libro va dedicado a compañeros principiantes, les diré que importa mucho para vestir la toga (cuya bolsa, por cierto, debe ser bordada por la novia o la esposa) casarse pronto y casarse bien.

¿Procedimiento? Enamorarse mucho y de quien lo merezca.

¿Receta para encontrar esto último? ¡Ah! Eso radica en los arcanos sentimentales. El secreto se descubrirá cuando algún sabio atine a reducir el amor a una definición.

Nada más de la mujer. Vamos con las mujeres.

Voy a hacer a mis jóvenes lectores una dramática declaración. El Abogado no tiene sexo. Así, como suena.

Es decir, tenerlo sí que lo tiene... y, naturalmente, no le está vedado usar de él. Pero en su estudio y en su relación con las mujeres que en él entran, ha de poner tan alta su personalidad, ha de considerarla tan superior a las llamaradas de la pasión y al espoleo de la carne, que su exaltación le conduzca a esta paradoja: el Abogado es un hombre superior al hombre.

No se crea que ésta es una postura de asceta presuntuoso o de dogmatizante a poca costa. No. Se pueden cumplir las bodas de oro con el oficio y sentir todavía el hálito de la juventud. ¿No os parece miserable o repugnante el confesor o el médico que se aprovechan de la situación excepcional que su ministerio les procura para plantear una insinuación amorosa a las mujeres que se les descubrieron porque no tenían más remedio que hacerlo así? Pues en caso semejante, no es menor la villanía del Abogado. Si acaso, es mayor, porque suelen quedar en sus manos armas coactivas que los otros no tienen y que hacen que la vileza sea, además, cobarde.

Se dan casos en que el Abogado no es iniciador del ataque, sino víctima de un rapto previamente concebido por la consultante. El que cae en esta red no se deshonra por insolente, pero se desacredita por tonto.

Sed, pues, castos, jóvenes colegas... si podéis. Y si no, derrochad vuestros conatos amatorios fuera del despacho. Debajo de la toga no se concibe a don Juan Tenorio, sino a don Juan de Lanuza.

No miréis la cara de vuestras clientas. Por hermosas que sean, siempre hay algo más atractivo que examinar en ellas: el juicio. ¿Es por superioridad de inteligencia o de cultura? Ciertamente no. Será por intuición nativa, o por tendencia a la desconfianza, o por mayor esmero en la defensa de los intereses... Será por lo que sea, pero es lo cierto que, generalmente, las mujeres dan en todos los asuntos una asombrosa nota de clarividencia. Se diría que olfatean el peligro instintivamente, o que tienen privilegio de adivinación. Ellas no razonarán el porqué de su tendencia; pero cuando dicen que se vaya por aquí o que no se vaya por allá, hay que tomarlo en cuenta con gran esmero porque rara vez dejan de acertar.

Hasta tal punto creo en la influencia, en la saludable influencia de la opinión femenina, que suelo inquirirla aun sin conocer a la mujer. Más de cuatro veces he sorprendido a un consultante que me confiaba un problema abstruso, preguntándole: "¿Es usted casado?". Y añadiendo, ante su respuesta afirmativa: "¿Qué piensa su mujer de usted?" Pasada la estupefacción del primer instante, el consultante reacciona, hurga en su memoria ¡y casi siempre se encuentra materia aprovechable en el dictamen femenino! Una vez dice la esposa que no se asocie con Fulano, porque no es de fiar; otra, que liquide la industria, porque necesariamente irá de mal en peor; otra, que ceda ante la exigencia de A y no se rinda ante la de B; otra, que compre o venda tales o cuales valores. Casi nunca llega con sus argumentos más allá de me lo da el corazón, ¡pero casi nunca se equivoca!

Consideremos, pues, a todas las mujeres, y reverenciemos de modo expreso a las madres. ¡Oh, las madres en el bufete! Dudo que en ninguna otra parte se manifieste con igual intensidad su grandeza moral. Nadie como ellas concibe y disculpa los extravíos; nadie como ellas se desprende de los bienes materiales; nadie como ellas pelea; nadie como ellas perdona. Quien no ha visto a una madre sostener la posesión de los hijos en medio de un laberinto litigioso, no sabe de lo que una madre es capaz. El ardid, el sacrificio, la abnegación, la violencia, el enredo... todo es para ella hacedero con tal de defender al hijo. Ante su ingenio sucumben los más avisados, ante su energía se rinden los más valerosos. Ni el imperio de la ley, ni la fuerza material de sus ministros valen nada ante una madre. En el curso de nuestra carrera se dominan muchas dificultades y se vencen muchos adversarios; pero nada se puede frente a las madres. Y lo de menos es que tengan o no tengan razón. ¡Son madres y lo atropellan todo! Si bien se mira, ¿puede haber una razón mayor?

Algún colega, con la experiencia de que se suele alardear entre los veinte y los veinticinco años, guiñará el ojo, entre malicioso y compasivo, y preguntará:

—De modo que, a juicio de este señor, ¿hay que creer en la mujer?

Y este señor le responde con un fervor desbordante:

—¡Hay que creer! Porque el desventurado que no crea en la mujer, ¿a dónde irá a buscar el reposo del alma?

HACIA UNA JUSTICIA PATRIARCAL

Las condiciones apetecibles e indispensables, según mi entender, para un buen procedimiento judicial, son estas cuatro: oralidad, publicidad, sencillez y eficacia. En breve esbozo me ocuparé de ellas.

ORALIDAD

La justicia debe ser sustanciada por medio de la palabra. Esto por las siguientes razones:

Primera: Por ley natural. Al hombre le fue dada la palabra para que, mediante ella, se entendiera con sus semejantes. La escritura es un sucedáneo hijo del progreso. No obstante la invención de la escritura y sus enormes adelantos psicológicos, literarios y mecánicos, todos preferimos la comunicación verbal como sistema sencillo de poner en circulación nuestros pensamientos y nuestros estados de conciencia.

La palabra hablada consiente el diálogo, la réplica instantánea, la interrupción, la pregunta y la respuesta. En el curso del informe de un letrado, al Juez se le pueden ocurrir numerosas dudas o aclaraciones que cabe plantear y esclarecer en el acto dirigiéndose la informante. En el procedimiento escrito, el Juez no puede entretenerse en enviar comunicaciones a los abogados para los fines dichos. La prueba es que no se hace ni está previsto en las leyes.

Es también propio de la naturaleza que la palabra hablada refleje situaciones de ánimo que en la escrita se disimulan u ocultan fácilmente. Un pliego de pared no permite adivinar la verdadera posición íntima del escritor. En la oración hablada, prontamente se conoce al embustero, al maniático, al obcecado, al incomprensivo, al intransigente. Suele decirse que "el papel lo soporta todo". Es gran verdad. En la soledad del estudio, la pluma o la máquina pueden estampar impunemente errores, falsedades y herejías. Para el que habla no existe la misma libertad, pues se echan sobre él la protesta del adversario, la autoridad de los Jueces y aun la censura pública que no necesita ser explícita para dejarse adivinar.

Por algo la sabiduría popular estableció este aforismo: "hablando se entiende la gente".

Segunda: Por economía de tiempo. Una de las necesidades más apremiantes para la justicia es que los asuntos no duren sino lo estrictamente indispensable. En el procedimiento escrito hay tantos o cuantos días para cada alegación, para cada recurso, para cada decisión interlocutoria. En el procedimiento oral todo va sobre la marcha. Un juicio criminal puede ofrecer tantas complicaciones como un juicio civil, pero las del primero se ventilan en unas horas y las del segundo en unos meses o en unos años.

Tercera: El procedimiento oral es el supuesto imprescindible para la publicidad. La existencia de una o de dos instancias, el sistema de juicio oral o de apelación con informes verbales, son materia distinta que examinaré luego y cada cual puede resolver como guste. Lo sustancial es que hablen a los Jueces las partes o sus Letrados.

Cuarta: Por seguridad de que los Jueces se enteren de las cuestiones. Claro que el Juez o el Magistrado que recibe unos autos los debe estudiar y hemos de suponer que lo hace... Mas ¿quién nos asegura que efectivamente ocurre así? Puede leerlos bien o leerlos mal o no leerlos. Puede entender todas las razones o dejar de entender algunas y en este último caso no tiene a quién pedir mejor explicación. Puede someter el estudio a los apremios del tiempo, a las necesidades de la salud, a los estímulos de la impaciencia. En una vista oral no tiene más remedio que oír todo cuanto los abogados digan, a menos que sea impertinente y deba llamarles la atención encarrilando el uso de su derecho. Contra unos abogados que hablan no hay más defensa que dormirse, pero esto es caso de escándalo o de ridículo que el público comenta y que desprestigia al funcionario poniendo en riesgo, si lo tiene por sistema, su propio destino. Cuando yo empecé a ejercer alcancé a ver Magistrados dormilones. Hoy en España es caso rarísimo que alguno dé "una cabezadita". La práctica del procedimiento oral nos ha ido adecuando recíprocamente a Jueces y Abogados. Los Abogados llevamos la delantera a los oradores de todos los demás géneros en la evolución del arte, pues cada día somos más concisos, llanos, diáfanos e ingeniosos. Hay algunos informes que duran entre una y dos horas, una mayoría de media hora o poco más, y una porción considerabilísima que se despachan en menos de quince minutos. Los Magistrados, por su parte, son cada día más atentos y respetuosos. Si se les diera la facultad de preguntar y dialogar, el régimen sería perfecto.

PUBLICIDAD

Una de las cosas que más nos sorprenden, no sólo a los juristas sino a todos los españoles cuando nos ponemos en relación con América, es encontrar un sistema de justicia escrita y reservada. Si a un Abogado hispánico se le dijera que no iba a poder exponer sus razones de viva voz ante un Tribunal que lo escuchase en audiencia pública, no concebiría la razón de su oficio. Si al más modesto o iletrado de los obreros se le dijera que los delitos iban a ser juzgados sin que él tuviese derecho a entrar en la sala del juicio y enterarse de todo lo que allí ocurre, haría del tema una grave cuestión política. Si los profesores, los tratadistas, los políticos no pudieran tomar noticia de cómo se ventilan los pleitos contencioso-administrativos o los recursos de inconstitucionalidad o los litigios de aplicación de las leyes sociales, creerían que todo lo estatuido sobre esas materias era letra muerta. Si el público en general no tuviera la seguridad de poder leer en los periódicos cómo se sustancian las causas criminales interesantes y aun apasionantes, qué declara cada testigo, cómo han dado dictamen los peritos, qué argumentos han expuesto en sus informes el Ministerio Fiscal y los abogados y cuáles son los contenidos de veredictos y sentencias, desconfiaría de todos los órganos del Poder. Porque, en efecto, las leyes, los reglamentos de Gobierno y la conducta de los funcionarios, significan bien poca cosa si cuando llegan a establecer contacto con la realidad en los choques concretos de la vida, la opinión pública ignora la virtualidad de las aplicaciones y la sanción de los errores.

En materia penal tenemos instancia única, en juicio oral y público con jurados o sin ellos según los delitos. Contra la sentencia se da recurso de casación que se resuelve mediante vista pública también.

En materia civil subsisten dos instancias, la primera ante Juez único con discusión escrita que finaliza en los escritos de conclusiones o en vista pública según quieran las partes; y la segunda, ante Tribunal colegiado, con el único objeto de llegar a la vista pública en que informan los letrados. Hay igualmente recurso de casación.

Públicos y orales son los debates en el orden contencioso-administrativo, en los asuntos de derecho social y hasta en los Tribunales militares. El propio juicio sumarísimo cuya sola invocación asusta, es público igualmente.

Cuarenta y dos años de ejercicio intensísimo de mi profesión me han suministrado tales datos de experiencia personal, que me hacen amar apasionadamente el sistema oral y público. Ya he contado que un día, por una trabacuenta en las citaciones, dejamos de asistir a la vista en la Audiencia de Madrid, los dos abogados de las partes. La Sala estudia el caso sin oírnos y acuerda confirmar la sentencia del Juez. Puesta en claro la equivocación se anula lo actuado, se celebra la vista e informamos. La Audiencia revoca la sentencia apelada. De modo que, por oírnos, entendió absolutamente lo contrario de lo que había entendido sin escucharnos.

Otra vez en el Tribunal Supremo, el Magistrado ponente en un pleito mío, me hace la confianza de decirme unos minutos antes de comenzar la vista, que, a su entender, no tengo razón y que lleva preparado un proyecto de sentencia rechazando mi recurso. Celebrada la vista, gané el pleito.

Casos como éstos podría citar a centenares, todos ellos demostrativos de que, aun siendo los Magistrados muy competentes y teniendo la mejor voluntad, una cosa es ver los asuntos en la soledad de un gabinete mediante la lectura de unos autos frecuentemente farragosos, y otra muy distinta escuchar la voz de los letrados que se esfuerzan en sintetizar las cuestiones, en exponerlas con claridad y en acentuar sus informes con las notas de la razón serena y de la legítima pasión.

La falta de informes orales introduce en los pleitos un elemento decisivo e irresponsable. Me refiero al Magistrado ponente o a quien haga sus veces. Exista o no exista oficialmente una persona investida de esa función, la función se produce fatalmente. Como es materialmente imposible que todos los Magistrados estudien todos los pleitos de punta a cabo, hay que dividir el trabajo. El pleito lo estudia uno sólo, da cuenta a sus compañeros de lo que es el asunto tal como lo ha visto él. Y como éstos, a menos de estudiar por sí mismos el pleito, proceden bajo esa impresión, la Sala puede —y suele— mirar el caso con los ojos del ponente y sentenciar lo que él ha deseado, sin que los posibles yerros de éste lo hagan responsable de nada porque su responsabilidad personal ha quedado diluida en la colectiva. Con el debate público, cada juez escucha las razones de los abogados y cuando recibe luego la impresión de la ponencia, coteja ésta con los discursos anteriores, hace la crítica de una y de otros y determina, suficientemente ilustrado, el rumbo de su conciencia. Por eso es frecuentísimo en España, que las Salas fallen contra el parecer del ponente. En muchas resoluciones lo ocurrido no deja huella, pero a veces la resistencia del ponente es tan grande que se adivina en la propia sentencia. Allí donde se estampa la fórmula: "visto siendo ponente el Magistrado Don Fulano" se introduce un elemento nuevo "siendo ponente Don Mengano para el acto de la vista". Lo cual, a menos que el primitivo ponente haya dejado de formar parte del Tribunal, indica que su criterio no prevaleció y que ha habido necesidad de sustituirle a los efectos de redactar la sentencia.

La publicidad de los juicios responde a otro dato profundo de psicología. Los hombres, como los niños, solemos tener dos morales, una para cuando nos ven, y otra para cuando no nos ven. No siempre los resortes íntimos de la conciencia son bastantes para inclinarnos al bien. Pero si advertimos que la gente se entera de lo que hacemos y con ello podemos quedar deshonrados o rebajados, o simplemente en ridículo, reaccionamos sobre nosotros mismos y hacemos por egoísmo o por miedo, lo que no estábamos dispuestos a hacer por simple imperativo de la ley moral. Eso ocurre en los juicios. A veces los abogados haríamos determinadas afirmaciones, a veces los Magistrados se desentenderían de determinados particulares. Mas ni unos ni otros nos atrevemos. Fuera de la barra se encuentran las partes interesadas, sus familiares y amigos, los pasantes de los letrados, los procuradores, la gente de la casa que tiene idea del asunto y quiere saber cómo se desarrolla, los periodistas, y los curiosos anónimos que han entrando en la Sala sencillamente "para ver lo que pasa". Todo ese conjunto heterogéneo que constituye la opinión pública es el crítico de los abogados y el juez de los jueces. Las audacias, las cobardías, las despreocupaciones, los compromisos inconfesables se detienen ante la opinión y no nos atrevemos a consumar los extravíos que nos apetecen porque "se va a saber". La opinión es en definitiva el Tribunal de última instancia.

La oralidad y la publicidad van apegadas a lo más íntimo del alma española. El Parlamento, las Diputaciones, los Ayuntamientos, la Universidad, los Ateneos, los Tribunales de Justicia... todo es público. Así resultamos nosotros nuestros más severos censores y los más solícitos en publicar nuestras faltas. Los españoles somos más estimables —o menos desdeñables, como se quiera— porque todo lo hacemos a gritos. De cuando en cuando somos cínicos pero nunca hipócritas.

SENCILLEZ

Técnica quiere decir modo adecuado de hacer una cosa. Todo cuanto realizamos en la vida, desde ponernos los zapatos hasta construir un ferrocarril, requiere un conjunto de reglas encaminadas al buen fin de la obra y el que prescinde de ellas, no hace lo que se propone o lo hace mal. Pongo, pues, la técnica sobre mi cabeza.

Pero los hombres hemos sufrido en este punto una lamentable desviación y cambiando la técnica de medio en fin hemos hecho de ella una divinidad en cuyas aras quemamos la verdadera sustancia de las cosas. Los médicos siguieron hablando y recetando en latín cuando ya nadie entendía el latín. Los abogados retenemos como preciadísimo tesoro una colección de arcaísmos que nos incomunican con el mundo (enfiteusis, locación, parafernales, ológrafo, quirografario, posiciones, deponer, interlocutorio, "litis-expensas") si bien es justo proclamar que tal uso decrece por momentos.

Acusadamente se destaca la técnico-manía en las artes. Un joven pintor que se estima en algo, debe pintar hoy los cuadros de tal manera que nadie sepa lo que representan, prescindiendo del dibujo y del color para dejar lugar a un arbitrario y complicado tecnicismo que puede acusar magníficas disposiciones personales, pero evapora el sentido artístico de la producción. De igual manera un joven músico se desentiende de la melodía y pone toda su alma en una armonía —o desarmonía— enrevesada, merced a la cual el oyente ingenuo, no sabe si han querido servirle unas seguidillas que lo alegren o una marcha fúnebre que lo deprima, un canto guerrero que lo enardezca o una almibarada endecha amorosa.

La técnica judicial no sigue esos ejemplos ni inicia ahora tales orientaciones. Ocurre lo contrario, esto es, que no ha tenido energía suficiente para desentenderse de las maneras anticuadas y conserva una red de juicios inacabables, confusos, caros y desesperantes.

Si nos preguntamos qué mecanismos de enjuiciamiento apetecemos como ideal, seguramente responderemos todos inclinándonos a un orden patriarcal. El jefe de la tribu o el Consejo de ancianos o el señor feudal, o el monarca absoluto, o Sancho Panza, se sientan a la sombra de un árbol secular. Ante ellos desfilan los súbditos quejosos y formulan en pocas palabras sus querellas. Contesta el presunto ofensor, se leen documentos y se escuchan testigos; y a continuación el ejercitante de la justicia dirime la discordia con pocas palabras categóricas, asequibles a todo el mundo y ejecutadas sin dilación.

Claro es que en la complejidad de la vida moderna no cabe pensar en ese procedimiento primitivo pero debemos esforzarnos para que se nos aproxime a él hasta donde la realidad consienta.

Dejo explicada en un capítulo anterior mi preferencia por el sistema oral. Ello me excusa de razonarlo aquí. Otros dos supuestos son igualmente imprescindibles: la instancia única y el Tribunal colegiado.

Cuando hay dos instancias, en el noventa y cinco por ciento de los pleitos, la parte derrotada busca remedio en la apelación. Entonces, ¿no recomendará la lógica empezar por el fin ahorrando tiempo y gastos? En definitiva, la composición de lugar que se hacen los litigantes, al emprender su pleito, es ésta: "vamos a contarle nuestras cuitas al Juez. Lo que él diga no nos servirá para nada. Después acudiremos a la Cámara y lo que ella resuelva será lo único que valga". Si la justicia fuera un mero deporte, se concebiría ese trabajo inútil hasta llegar al partido finalista, mas como es una cosa grave y dispendiosa, el sistema resulta absurdo y recuerda a aquel tendero que anunciaba su mercadería así: "vale veinte pesos; último precio diez".

En casi todos los pueblos del mundo la justicia penal es de instancia única. Resulta incongruente que para resolver el pago de una deuda hayan de recorrerse dos instancias mientras que sólo con una se pueden dictar sentencias de muerte.

De dos maneras se puede contemplar la primera sentencia, pronunciada por Juez único: dando valor a su decisión ante el Tribunal superior o negándosele. Quiero decir que en la Sala de cinco Magistrados se puede sumar a sus votos el del Juez o prescindir de él en absoluto. El Juez ha dado la razón a Pedro. En la Cámara de dos Magistrados resuelven también a favor de Pedro pero tres se pronuncian a favor de Juan. Es evidente que si se toma en cuenta la resolución del Juez no habrá mayoría en pro de Juan sino que resultará una discordia, por darse tres opiniones de un lado y tres de otro. De aquí mi dilema. Si el criterio del Juez desaparece ante la Sala, ¿por qué perder el tiempo discutiendo ante aquél? Y si tiene valor y es sumado a los otros ¿no será más sencillo incorporarle desde luego al número de los magistrados? Si el Juez es uno, la Sala se compone de tres y valen igualmente los pareceres de todos, lo discreto será constituir la Sala con cuatro o con cinco. Así se habrán reunido opiniones en mayor número y se habrá evitado a las partes un derroche de tiempo y de dinero. El número de cinco es el indicado, porque el de cuatro haría frecuentes los empates y el de tres puede parecer escaso para la garantía del acierto. En España la dotación de la Sala civil es de cinco magistrados, mas, para que haya sentencia sólo se necesitan tres votos conformes. Al margen de la ley se ha establecido la costumbre de que asistan a las vistas los cinco magistrados —como pasa casi siempre— o cuatro o tres. Si coinciden tres votos, hay fallo; si no, se repite la vista ante más señores. Aunque éste sea un remedio para no demorar el trabajo en casos de ausencia o de enfermedad, me parece mal la corruptela y creo que no debe actuar cada Sala sino con su dotación completa.

Defendida la instancia única, casi no hay necesidad de explicar la de que el Tribunal sea colegiado. Cuando la resolución no ha de ser susceptible de apelación ni de otro remedio ordinario (la casación no tiene ese concepto) sería imprudente fiar misión tan grave a un solo criterio. Todo en la vida es opinable, excepto los hechos de mero y sencillo carácter físico como si ahora llueve o no llueve, si este edificio se ha derrumbado o sigue en pie, y cosas por el estilo. Especialmente dudoso y discutible es todo cuanto llega a los Tribunales. La Justicia se estatuyó porque hay entre los hombres dudas y antítesis. Si A piensa una cosa y B la contraria, es natural que unos hombres piensen como A y otros como B. El entregar la decisión a un Juez único, equivale a dejar a una de las dos partes sin garantía porque no habría nadie en el Tribunal que pueda sostener dictamen contrario al que resultó convincente para el Juez. Formado el Tribunal por varias personas es verosímil que unas opinen por A y otras por B. En la intimidad de la discusión se harán valer los argumentos del uno y los del otro, escuchados sus respectivos defensores. En fin de cuentas, prevalecerá el criterio de la mayoría. Y si todas las opiniones se han pronunciado por una sola parte, es harto presumible que la otra estaba equivocada.

No sólo el mejor examen constituye la ventaja del Tribunal colegiado. Es de igual monta la vigilancia recíproca. Un Juez sólo puede dejar volar la imaginación, el prejuicio doctrinal, las simpatías o la maldad. Vaya un ejemplo mínimo. Recuerdo un

Magistrado que era inteligente, ilustrado y honesto. Padecía una grave enfermedad del estómago y el día que le dolía ni daba pie con bola ni se lo podía aguantar. Si hubiera tenido que sentenciar él solo, habría sido un verdadero peligro social. Encuadrado entre otros compañeros, éstos no sólo lo contradecían en sus yerros sino que acababan trayéndolo a la razón.

Lo que digo de ese caso es aplicable a otros muchos. Recorramos la lista de nuestros amigos. Uno es cultísimo y precisamente por serlo se enamora de las teorías y contempla la vida a través de unos anteojos doctrinarios que frecuentemente le ocultan la verdad. Otro discurre con clarividencia, pero, por holgazanería, deja de examinar alguno de los aspectos de un problema. Otro es infatigable para el estudio y se asimila los negocios con la máxima minuciosidad siquiera luego los enjuicie torpemente por falta de luces. Otro se deja arrastrar por prevenciones personales cobrando manías contra unos sujetos y entusiasmo para otros. Y, en fin, no faltará en la fauna alguno capaz de traicionar su deber y su conciencia. Cada uno de ellos sería un peligro para la justicia, pero si se los reúne a todos, la labor probablemente resultará buena. Uno pondrá el estudio, otro el talento, otro la firmeza de voluntad, otro la erudición científica y entre todos moderarán al enfermo y vigilarán al inmoral. Cuando el pueblo dice "más ven cuatro ojos que dos" acierta, como casi siempre.

Contando, pues, con la publicidad, la oralidad, el Tribunal Colegiado y la instancia única, trazaré ahora el esquema del procedimiento civil:

a) El demandante presentará su demanda escrita con los documentos que la justifiquen y la proposición de sus pruebas.

b) El Tribunal dará traslado de todo ello al demandado y citará a ambas partes al juicio previniéndolas que acudan con las pruebas de que intenten valerse.

En el acto del juicio el demandado contestará a la demanda verbalmente pero a petición del mismo, del demandante o por orden del Tribunal, podrá disponerse que se le conceda un término para que lo haga por escrito, y otro para que el demandante lo estudie. En este caso se suspenderá el juicio hasta nueva citación en el plazo breve que el Tribunal señale.

c) Reanudado el juicio —o en el acto primeramente convocado, si no hubiese habido necesidad del aplazamiento a que se refiere el párrafo anterior— las partes discutirán sus tesis respectivas con la extensión y en los términos que el Tribunal señale.

d) El Tribunal practicará en el acto las pruebas que las partes proporcionen, pero si requiriesen algún espacio de tiempo para su ejecución, señalará el Tribunal los días que sean necesarios. Si alguna de ellas no pudiera efectuarse en el local de la Audiencia, se dará comisión para que la practique donde corresponda al Magistrado Ponente asistido del Secretario.

e) Ultimadas y reunidas todas las pruebas y después de enteradas suficientemente las partes y el Magistrado Ponente, se reanudará la audiencia informando las partes sobre el resultado del juicio.

f) Terminada la audiencia, el Tribunal se reservará un plazo no superior a diez días para discutir privadamente la sentencia. Al cabo de ellos convocará a las partes a una nueva sesión en la cual los Magistrados votarán públicamente y darán lectura a la sentencia (puesto que en la discusión ya se habrá sabido el criterio que ha de prevalecer) y a los votos particulares si los hubiere.

g) Durante todo el curso del juicio el Tribunal tendrá derecho —sin plantear cuestiones nuevas— a pedir a las partes puntualizaciones y aclaraciones de sus argumentos y a practicar pruebas no propuestas por los interesados, que contribuyan al esclarecimiento de las cuestiones no debatidas.

h) Todas las cuestiones incidentales que las partes susciten, serán resueltas sin interrupción ajustándose a las normas anteriormente establecidas. Si alguna de las partes promoviere una segunda cuestión incidental, el Tribunal la rechazará de plano, pues a tal efecto, en la primera sesión habrá prevenido a las partes que, si tienen incidentes que suscitar, lo hagan de una sola vez.

i) Las partes podrán defenderse a sí mismas, o valiéndose de abogados matriculados en el ejercicio de la profesión.

j) De todas las sesiones del juicio se extenderá acta por taquígrafos oficiales adscritos al Tribunal. Al finalizar cada sesión se leerá el acta con objeto de que el Tribunal y las partes la aprueben y firmen.

Tales son los cánones sustanciales dentro de los que cabría dar estructura a todo el procedimiento. Quedan por examinar dos actividades, la de los juicios universales y la de aquellos otros que exigen una actuación rápida anterior a las discusiones.

Aludo en este último extremo a los juicios ejecutivos, a los embargos preventivos, a los aseguramientos de bienes litigiosos, a las medidas precautorias propias de los interdictos de obra nueva y de obra vieja y a otros casos de semejante urgencia. Para ventilarlos habría en cada Tribunal un Magistrado de servicio permanente que turnaría por semanas. Él sería el encargado de practicar todas las medidas que hoy están encomendadas a los Jueces. Una vez realizadas, en cuanto surgiera la discusión, serían sustanciadas con arreglo a las normas del procedimiento ordinario.

En cuanto a los juicios universales, los de testamentaría y ab intestato podrían ventilarse de igual manera: intervención del Magistrado de guardia para las medidas de urgencia y juicios orales para ventilar la divergencia entre las partes.

Los otros universales, es decir, los de concurso y quiebra, debieran tener algo así como un procedimiento mixto de oficina y de Tribunal. Una vez nombrados los síndicos, éstos en sesiones constantes se reunirían con las partes o sus Abogados y mediante un trabajo privado (quiero decir sin presencia del público pero con intervención de todos los interesados) examinarían contabilidades y documentos, pedirían datos, escucharían las razones contradictorias, propondrían y gestionarían fórmulas de solución y avenencia. Cuando los antagonismos fueran irreductibles entregarían todos los antecedentes al Tribunal y remitirían a las partes para que ante él y conforme a las normas del juicio oral y público ventilasen sus divergencias. En un trabajo de la índole del presente, no hace falta detallar más. Dentro de estas líneas generales cabe desarrollar todas las exigencias de los actuales procedimientos.

El enjuiciamiento penal puede tener dos características diferentes según los juicios requieran sumario o no lo requieran. Si aparece un hombre asesinado, sería inútil abrir un juicio oral porque primero hay que averiguar quién es el muerto, quién lo mató, en qué circunstancias, dónde se encuentra el homicida, quién lo auxilió, quién lo encubrió. Únicamente después de reunidos todos estos datos cabe convocar al Fiscal y a las partes a juicio público.

En los casos de delito flagrante, cuando la policía en el primer instante reúne todos los elementos, detiene al malhechor y aprehende el cuerpo del delito, puede no haber necesidad de sumario. Entregados todos estos elementos al Ministerio Fiscal, éste promovería el juicio desde luego, y el Tribunal convocaría al Fiscal, al perjudicado y al culpable para que acudan con sus pruebas a la audiencia pública.

Por último, en otros casos no hay nada que averiguar, como sucede en cualesquiera delitos cometidos por medio de la prensa o por otro modo escrito, en los perpetrados en reuniones o manifestaciones públicas, etc. Para tales casos basta que el Fiscal o el particular agraviado presenten su querella y el Tribunal cite a juicio.

Busco por todos estos caminos, no solamente la celeridad, que es esencial para la ejemplaridad en materias penales, sino también el apartamiento de esas engorrosas diligencias de procesamiento, embargos, fianzas, instrucciones, recursos, etc., que ahora duran años y fácilmente pueden durar días tan sólo.

Unas palabras sobre el recurso de casación. Debe existir tanto en lo civil como en lo criminal, pero cuidando mucho de que no se convierta en una nueva instancia sino que sea un remedio contra la vulneración evidente de las leyes o de las garantías formales del juicio. La casación es más bien de orden público que de interés particular, porque la jurisprudencia constituye un complemento de las leyes y debe ser uniforme como éstas. A la sociedad no le interesa gran cosa saber si en una disputa particular tiene razón Fulano o Mengano, pero le importa muchísimo conocer cuál es el verdadero sentido de las leyes y cómo han de ser aplicadas. Especialmente en el comercio y en la vida toda de los negocios, las gentes necesitan saber a qué atenerse para la regulación de sus actos. De buena fe vacilamos muchas veces sobre el modo de proceder en tal o cual asunto, sobre el alcance de ésta o la otra disposición. Si cada Tribunal falla de manera distinta, las dudas se hacen más graves, los negocios quedan en la incertidumbre y las polémicas se envenenan por la autoridad de fallos contradictorios.

Es, pues, imprescindible la unificación de la jurisprudencia. Tanto es así que conviene ampliar la casación en dos extremos. Uno existe ya en el enjuiciamiento español. Es el recurso de casación interpuesto por el Ministerio Fiscal en servicio de la ley sin que el fallo del Tribunal Supremo tenga efecto para el pleito ni afecte a las partes que en él han contendido. Se trata de un recurso de pura doctrina para ilustrar a la sociedad y no para servir a los litigantes. Lo malo es que la Fiscalía jamás ejercita este derecho.

El otro extremo no constituye propiamente un recurso, puesto que no va contra ninguna sentencia del Tribunal inferior. Quiero decir que, en algunas ocasiones, disputan dos personas exclusivamente por la interpretación de un precepto legal que cada cual entiende de distinta manera. En tal caso ¿para qué seguir una instancia o dos si los interesados no tienen más objeto que llegar hasta el Tribunal de casación a fin de que éste diga cómo ha de entenderse el precepto debatido? Lo lógico sería que los opositores suscribieran un memorial donde constasen la relación de hechos en que estaban conformes y los puntos jurídicos de divergencia. Recibido el escrito, el Tribunal convocaría a los letrados (en casación, por su carácter técnico, nunca deben informar más que los juristas), escucharía sus alegaciones y dictaría sentencia.

No hay necesidad de fatigar al lector explicándole que sobre poco más o menos, los mecanismos que recomiendo son aplicables a las cuestiones sociales, a las contencioso-administrativas y a todas cuantas pueden imaginarse. Me parece que esto se aproxima a lo patriarcal. Falta el árbol. Pero todavía quedan en España organizaciones judiciales que lo recuerdan. Aludo al Tribunal de las Aguas de Valencia. Es un jurado de riesgo constituido por labradores, que se reúne en el atrio de la iglesia de Nuestra Señora de los Desamparados, o sea en medio de la calle, para escuchar las disputas de los regantes y decidirlas in continenti.

A tanto no se puede llegar en todos los casos ni tampoco es conveniente. Pero las normas que dejo expuestas me parecen fáciles de aplicar y provechosas no sólo para los interesados sino también para el prestigio social de la administración de justicia.

EFICACIA

Cuanto va explicado hasta aquí, se encamina a que la justicia sea eficaz. Mas para lograrlo no bastan la publicidad, la oralidad y la rapidez sino que se requieren otras muchas circunstancias difíciles de recordar aunque sólo sea para catalogarlas.

Por ejemplo, la justicia ha de ser barata. Si los litigantes se han de gastar en el pleito más de lo que vale lo pleiteado, la justicia será para ellos un sarcasmo. Si no puede ser absolutamente gratuita debe cobrarse un impuesto judicial proporcionado a la cuantía, como gasto único. El régimen de arancel para los funcionarios judiciales es un pozo sin fondo. Con otro gravísimo inconveniente: que afecta a la dignidad judicial. Si el litigante sabe que dentro del pretorio hay alguien que ganará más dinero cuanto más dilatado y enrevesado sea el asunto, no será fácil convencerlo de que debe mirar a la justicia como cosa sagrada.

La eficacia reclama asimismo para los Tribunales un ambiente de decoro material. Cuando se encuentra instalada en locales incómodos, sucios y sórdidos, con curiales mal educados o venales, sin puntualidad en las horas de servicio y con otros defectos similares, el público rehúye su cooperación, escapa a los llamamientos y citaciones, y mira al mundo judicial como el mayor enemigo.

Aparte de esto, las principales fuentes de la eficacia son de orden moral. El tema empalma con toda la organización del Estado. ¿Quién nombra los jueces? Si su designación viene de Parlamentos o de Gobiernos, todo el mundo les achacará concomitancias políticas y no fiará en ellos ni los secundará de buen grado. Lo mismo ocurrirá si son amovibles y viven a merced de otros Poderes del Estado.

Otra cuestión. ¿Quién y cómo secunda las órdenes judiciales? A veces se pide un expediente a un Ministerio y el Ministerio tarda muchos meses en enviarle o no lo envía. En ocasiones necesitan los Jueces viajar en función del cargo y no se les da dinero para que lo hagan. Es frecuente que precisen para determinadas diligencias el concurso de la fuerza pública y no lo consigan, con lo cual se frustra el mandato. Constantemente se confabulan contra ellos oficinas públicas y privadas y aun ciudadanos que pasan por respetables para eludir embargos, sustraer documentos u ocultar delincuentes. En las capitales españolas todas las autoridades —el Gobernador, el Alcalde, el General— tienen coche. Únicamente va a pie el Presidente de la Audiencia.

Los Gobiernos y los políticos no tienen reparo en mezclar a los Jueces en las trapacerías electorales, llegando incluso al bochorno de exigir a los Ministros de la justicia, la perpetración de delitos evidentes, tales como procesamientos por delitos imaginarios, impunidad de otros innegables, detenciones ilegales y mil lindezas por el estilo.

Las retribuciones insuficientes son otro sumando para la ineficacia judicial. No tanto porque sirvan de incitación al cohecho como porque las gentes no toman en serio a un funcionario peor pagado que los demás.

La relación sería inacabable. Desgraciadamente los remedios no son tan fáciles de proponer en este apartado como en los anteriores. Se trata de un fenómeno complejo de organización política y de educación colectiva. Todo andará mal mientras creamos que la administración de justicia es una simple función pública o una herramienta de Gobierno. La justicia no es solo un Poder sino el más trascendental de los Poderes. Actúa sobre los ciudadanos en su hacienda, En su libertad y hasta en su vida. Está sobre el Gobierno porque enjuicia a sus miembros y porque revoca y anula sus disposiciones en la vía contencioso-administrativa. Impera sobre el mismo Parlamento ya que puede declarar la inconstitucionalidad de las leyes.

El Juez no puede ser simplemente un profesional, porque su misión está situada entre los hombres y los dioses. De nada sirve a los pueblos tener fuerza, riqueza y cultura si no tienen justicia. Para conseguirla —tal es mi moraleja— es necesario rodearla del amor y de la reverencia del pueblo. No se logrará esto con organizaciones complicadas ni con tecnicismos abstrusos sino aproximándose cuanto quepa a una estructura patriarcal.

DECÁLOGO DEL ABOGADO

I.   No pases por encima de un estado de tu conciencia.

II.   No afectes una convicción que no tengas.

III.   No te rindas ante la popularidad ni adules a la tiranía.

IV.   Piensa siempre que tú eres para el cliente y no el cliente para ti.

V.   No procures nunca en los tribunales ser más que los magistrados, pero no consientas ser menos.

VI.   Ten fe en la razón que es lo que en general prevalece.

VII.   Pon la moral por encima de las leyes.

VIII.   Aprecia como el mejor de los textos el sentido común.

IX.   Procura la paz como el mayor de los triunfos.

X.   Busca siempre la justicia por el camino de la sinceridad y sin otras armas que las de tu saber.